AF283271

Deepak Chopra

y la conexión cuerpo mente

Jaume Rosselló

Lo esencial de los
MAESTROS
ESPIRITUALES

Redbook
ediciones

© 2025, Redbook Ediciones, s. l., Barcelona

Lo esencial de los maestros espirituales es una colección creada
y dirigida por Dalia Ediciones S.L. (MMA)

Diseño de cubierta: Regina Richling

Diseño de interior: Primo Tempo / Marta Ruescas

ISBN: 978-84-9917-751-9

Depósito legal: B-10.508-2025

Impreso por Andalusí Gráficas,
Polígono Ind. Zárate Camino Nuevo de Peligros s/n
18210 Peligros (Granada)

Impreso en España - *Printed in Spain*

«Cualquier forma de reproducción, distribución, comunicación pública o
transformación de esta obra solo puede ser realizada con la autorización de sus
titulares, salvo excepción prevista por la ley. Diríjase a CEDRO (Centro Español de
Derechos Reprográficos, www.cedro.org) si necesita fotocopiar o escanear algún
fragmento de esta obra.»

CAPÍTULO 1

Yoga y Ayurveda en Occidente

Cuando Deepak Chopra comenzó a hablar de doshas, prana y estados elevados de conciencia a finales de los años ochenta, pocos podían imaginar que estos conceptos milenarios de la India llegarían a formar parte del vocabulario cotidiano de millones de occidentales. Hoy, términos como «chakras», «karma» o «meditación» resultan familiares incluso para quienes nunca han pisado un centro de yoga. El camino que ha permitido esta extraordinaria integración cultural tiene profundas raíces que se remontan a más de un siglo atrás.

El yoga y el Ayurveda, dos de los sistemas de conocimiento más antiguos de la humanidad, han viajado desde los ashrams y templos de la India hasta convertirse en parte integral del panorama cultural, médico y espiritual de Occidente. Vamos a ver cómo estas tradiciones milenarias florecieron en un terreno aparentemente ajeno, transformándose y adaptándose sin perder su esencia, hasta llegar a influir profundamente en nuestra comprensión contemporánea del bienestar, la salud y la conciencia humana.

SABIDURÍA MILENARIA DEL SUBCONTINENTE INDIO

El yoga: unión de cuerpo, mente y espíritu

El yoga en sánscrito significa «unión» y representa uno de los seis sistemas filosóficos ortodoxos (darshanas) de la India. Con raíces que se remontan a más de 5.000 años, los primeros indicios de posturas yóguicas aparecen en sellos encontrados en el Valle del Indo, mientras que su sistematización formal ocurre en los Yoga Sutras de Patanjali, compilados aproximadamente en el siglo II a.C.

Lejos de ser simplemente un sistema de ejercicios físicos, el yoga tradicional comprende un camino integral de transformación en el que aparecen:

1. **Yama** (restricciones éticas): no violencia, veracidad, no robar, continencia y no avaricia.

2. **Niyama** (observancias): pureza, contentamiento, autodisciplina, autoestudio y entrega a lo divino.

3. **Asana** (posturas físicas): originalmente concebidas para preparar el cuerpo para la meditación prolongada.

4. **Pranayama** (control de la respiración): técnicas para regular la energía vital o prana.

5. **Pratyahara** (retiro de los sentidos): redirección de la atención de lo externo a lo interno.

6. **Dharana** (concentración): enfoque sostenido de la mente.

7. **Dhyana** (meditación): estado de conciencia sin fluctuaciones.

8. **Samadhi** (absorción): unión completa con el objeto de meditación y trascendencia del ego separado.

Este «camino óctuple» (ashtanga yoga) representa una ciencia completa de la evolución humana, diseñada para llevar al practicante desde el nivel más básico de comportamiento ético hasta los estados más elevados de realización espiritual.

El Ayurveda: la ciencia de la vida

El Ayurveda, literalmente «ciencia de la vida» (de ayus, «vida» y veda, «conocimiento±), es uno de los sistemas médicos más antiguos del mundo, con raíces que se remontan a más de 3.000 años en la tradición védica de la India. Sus textos fundamentales, el *Charaka Samhita* y el *Sushruta Samhita*, contienen descripciones detalladas de enfermedades, tratamientos, procedimientos quirúrgicos y principios de bienestar que asombran por su precisión y amplitud.

A diferencia de la medicina occidental moderna, el Ayurveda ve la salud como un equilibrio dinámico entre el individuo y su entorno, no como la mera ausencia de enfermedad, y considera cada persona como única, con una constitución individual (prakriti) que determina su predisposición a ciertos estados de salud y enfermedad. Además, enfatiza la prevención sobre el tratamiento, ofreciendo directrices personalizadas para la dieta, el ejercicio, el descanso y las prácticas espirituales.

El concepto fundamental del Ayurveda es que todo en el universo, incluido el cuerpo humano, está compuesto por cinco elementos (tierra, agua, fuego, aire y éter) que se manifiestan en el cuerpo como tres energías o doshas:

1. **Vata** (aire y éter): gobierna el movimiento, la respiración, la circulación y los impulsos nerviosos.

2. **Pitta** (fuego y agua): regula el metabolismo, la digestión y la transformación.

3. **Kapha** (tierra y agua): provee estructura, lubricación y soporte.

Cada persona posee una proporción única de estas tres energías, y el equilibrio entre ellas determina nuestro estado de salud física y mental. El diagnóstico ayurvédico implica determinar este equilibrio constitucional y sus posibles desequilibrios, mientras que el tratamiento busca restaurar la armonía a través de dieta, hierbas medicinales, masajes, desintoxicación, yoga y prácticas meditativas.

EL ENCUENTRO ENTRE ORIENTE Y OCCIDENTE

Los primeros exploradores y traductores

El interés occidental por la filosofía y las prácticas espirituales de la India comenzó a cristalizar a finales del siglo XVIII, cuando la Compañía Británica de las Indias Orientales estableció el dominio colonial en el subcontinente. Sir William Jones, juez británico y lingüista, fundó la Sociedad Asiática de Bengala en 1784, iniciando la traducción sistemática de textos sánscritos clásicos.

Estos primeros trabajos académicos provocaron una gran curiosidad e interés entre algunos intelectuales europeos. Arthur Schopenhauer, después de leer las Upanishads (traducidas del sánscrito al latín) declaró: «Ha sido el consuelo de mi vida, y será el consuelo de mi muerte».

Sin embargo, estos primeros encuentros estuvieron marcados por una comprensión principalmente intelectual y, a menudo, por interpretaciones distorsionadas a través del prisma de la mentalidad colonial y las categorías de pensamiento occidentales.

El movimiento trascendentalista y la influencia india

En Estados Unidos, el movimiento trascendentalista liderado por Ralph Waldo Emerson y Henry David Thoreau durante la primera mitad del siglo XIX representó uno de los primeros grupos occidentales en integrar activamente elementos de la filosofía india en su visión del mundo.

Emerson, profundamente impactado por su lectura del Bhagavad Gita, escribió: «Debo a los libros de los hindúes las confirmaciones de las verdades más profundas que conozco.» Thoreau, por su parte, llevó ejemplares de textos hindúes a su cabaña en Walden Pond, donde experimentó con la meditación y una vida simplificada inspirada en parte por ideales yóguicos.

Aunque limitada por las escasas traducciones disponibles y la falta de maestros auténticos, esta primera ola de entusiasmo por la sabiduría oriental sembró las semillas para un intercambio cultural más profundo que florecería en décadas posteriores.

Swami Vivekananda y el Parlamento Mundial de las Religiones

El momento catalizador que marcó verdaderamente el inicio del yoga en Occidente fue la participación de Swami Vivekananda en el Parlamento Mundial de las Religiones de Chicago (1893). Aquel joven monje indio, discípulo directo del místico Ramakrishna, electrizó a la audiencia con su poderosa presencia y elocuencia. Vivekananda presentaba un hinduismo reformado y universalista, enfatizando los aspectos filosóficos y meditativos del yoga por encima de otros elementos, más devocionales o ritualistas. Su mensaje de tolerancia religiosa, armonía interreligiosa y autorrealización espiritual resonó profundamente en una sociedad que comenzaba a cuestionar el dogmatismo religioso tradicional.

Tras aquel éxito, Vivekananda llevó a cabo varias giras por América y Europa, fundando centros, impartiendo conferencias sobre yoga, meditación y filosofía vedanta*, y atrayendo a estudiantes famosos como J.D. Salinger y Aldous Huxley.

La expansión en el siglo XX.
Los maestros pioneros

Durante la primera mitad del siglo XX, una serie de maestros indios llevaron el yoga a Occidente, cada uno enfatizando diferentes aspectos de esta tradición multifacética:

● **Paramahansa Yogananda** llegó a Boston en 1920 para asistir al Congreso Internacional de Religiones Liberales, estableciéndose posteriormente en Estados Unidos. Su obra *Autobiografía de un Yogui* (1946) se convirtió en un texto fundamental que introdujo a innumerables occidentales en las prácticas y posibilidades del yoga, especialmente el Kriya Yoga.

● **Swami Sivananda Saraswati**, aunque nunca viajó a Occidente, fundó la *Divine Life Society* en 1936, envian-

---

* En el hinduismo, la filosofía vedanta es un sistema de pensamiento que considera todas las experiencias humanas como manifestaciones de Dios. Se trata de un grupo de tradiciones que se centran en las cuestiones filosóficas que se encuentran en las Tres Fuentes (Prasthanatrayi): Upanishads, Brahma Sutras y Bhagavad Gita.

do posteriormente a sus discípulos, como Swami Vishnu-devananda, para establecer centros de yoga en América y Europa. Su enfoque integra asanas, pranayama, mantras, servicio desinteresado y estudio de textos sagrados.

● Krishnamacharya, que también permaneció en la India, revolucionó la práctica del yoga físico, formando a estudiantes que posteriormente se convertirían en influyentes maestros internacionales, como K. Pattabhi Jois (fundador del Ashtanga Yoga), B.K.S. Iyengar (creador del método Iyengar), e Indra Devi, a veces conocida como «la primera dama del yoga» por su papel en la popularización del yoga entre las mujeres occidentales.

Estos primeros maestros sentaron las bases para la extraordinaria diversificación y popularización del yoga que ocurriría en la segunda mitad del siglo xx.

La contracultura de los años sesenta

La década de 1960 marcó un punto de inflexión crucial para la recepción del yoga y el Ayurveda en Occidente. El movimiento contracultural, con su rechazo de los valores materialistas convencionales y su búsqueda de estados alternativos de conciencia, generó un terreno fértil para la exploración de prácticas espirituales orientales. Este interés se catalizó por la coincidencia de diversos factores:

● **El viaje de los Beatles a la India** en 1968 para estudiar meditación trascendental con el Maharishi Mahesh Yogi, que atrajo una enorme atención mediática y popularizó la meditación.

● **La relajación de las leyes de inmigración** en Estados Unidos en 1965, que permitió la llegada de un mayor número de maestros indios.

● **El movimiento psicodélico** y su exploración de estados alterados de conciencia, que generó interés en métodos no químicos para acceder a experiencias trascendentes.

● **La creciente desilusión con el materialismo occidental** y la búsqueda de alternativas espirituales.

Figuras como Ram Dass (Dr. Richard Alpert), que tras experimentar con psicodélicos viajó a la India y regresó como discípulo del gurú Neem Karoli Baba, ejemplificaron esta búsqueda. Su libro *Be Here Now* (1971) se convirtió casi en una biblia contracultural que introdujo conceptos yóguicos y meditación a una generación de buscadores.

El Ayurveda llega a Occidente

Mientras el yoga se expandía rápidamente, el Ayurveda siguió un camino más lento hacia el reconocimiento occidental. Entre los primeros pioneros en EE.UU. (en Europa llegó algo más tarde) está Vasant Lad, que fundó el Instituto de Ayurveda en Albuquerque en 1984, y por supuesto, Deepak Chopra. Tras su formación en medicina occidental y su encuentro con Maharishi Mahesh Yogi, Chopra se convertiría en el más influyente divulgador del Ayurveda en el mundo de habla inglesa.

El libro de Chopra *Perfect Health* (1990) presentó los principios del Ayurveda de manera accesible para el público occidental, integrándolos con descubrimientos contemporáneos sobre la conexión mente-cuerpo. Su enfoque, que combinaba la precisión científica occidental con la sabiduría holística oriental, abrió las puertas del Ayurveda a millones de personas que anteriormente habrían descartado estas prácticas como exóticas o anticuadas.

LA TRANSFORMACIÓN CONTEMPORÁNEA

El yoga moderno: diversificación y evolución

El yoga que se practica hoy en Occidente difiere significativamente del yoga tradicional de la India antigua. Ha evolucionado para adaptarse a las necesidades y contextos culturales occidentales y pone **énfasis en lo físico**: Mientras el yoga tradicional consideraba las asanas principalmente como preparación para la meditación, muchas formas contemporáneas dan prioridad a los beneficios físicos y atléticos.

Proliferación de estilos. Desde el riguroso Ashtanga hasta el relajante Yin Yoga, o el acrobático AcroYoga, han surgido docenas de estilos para satisfacer diversas preferencias y objetivos. También se han financiado estudios sobre los beneficios del yoga para condiciones que van desde la ansiedad y la depresión hasta el dolor crónico y las enfermedades cardiovasculares. En el acu-yoga, por ejemplo, se desarrolla las asanas tradicionales del Hatha Yoga y las consideraciones sobre el prana o energía vital, compartiendo el sistema de meridianos energéticos.

Integración en la medicina convencional. En hospitales y centros médicos el yoga se incorpora cada vez más como terapia complementaria, y algunos seguros médicos cubren clases de yoga prescritas por médicos. Esta evolución ha hecho que el yoga sea más accesible para millones de personas, pero también ha generado debates sobre la autenticidad cultural, la descontextualización espiritual y una exagerada comercialización.

«Conoce tu dosha».
Principios básicos del Ayurveda

El Ayurveda reconoce que cada persona tiene una constitución única (*prakriti*) determinada por la proporción de los tres doshas. Aunque todos contenemos los tres, generalmente hay uno o dos que predominan. Reconocer tu dosha predominante es el primer paso hacia el autoconocimiento ayurvédico:

Vata (aire y éter)
• *Características físicas:* estructura delgada, piel seca, manos y pies fríos, movimientos rápidos.
• *Rasgos mentales:* creatividad, entusiasmo, rapidez mental, tendencia a la ansiedad.
• *Recomendaciones:* rutinas regulares, alimentos calientes y nutritivos, evitar el exceso de estimulación.

Pitta (fuego y agua)
• *Características físicas:* constitución media, piel sensible o rojiza, buena digestión, intolerancia al calor.
• *Rasgos mentales:* Inteligencia aguda, determinación, tendencia al perfeccionismo e irritabilidad.
• *Recomendaciones:* Alimentos refrescantes, evitar exceso de especias picantes, equilibrar trabajo y descanso.

Kapha (tierra y agua)
• *Características físicas:* Estructura sólida, piel húmeda y suave, movimientos pausados, resistencia física.

- *Rasgos mentales:* Paciencia, lealtad, estabilidad emocional, posible tendencia al apego y complacencia.
- *Recomendaciones:* Ejercicio regular vigoroso, alimentos ligeros y especiados, estimulación mental.

El Ayurveda enseña que lo semejante aumenta lo semejante, mientras que los opuestos equilibran. Conocer tu constitución permite tomar decisiones conscientes sobre dieta, ejercicio y estilo de vida que mantengan o restauren tu equilibrio natural.

El Ayurveda contemporáneo: entre la tradición y la ciencia

El Ayurveda también ha experimentado una significativa transformación en su viaje hacia Occidente. Junto a la **investigación científica** y su integración con la **medicina funcional** personalizada, se han asociado, sobre todo en EE.UU., con **productos de consumo**, desde suplementos herbales hasta cosméticos y tés. Y también podemos encontrar «**turismo de bienestar**», con destinos en India, Sri Lanka y Nepal, en donde se ofrecen retiros de desintoxicación ayurvédica (panchakarma) que atraen a visitantes occidentales en busca de rejuvenecimiento y más salud («antiaging»).

Esta adaptación también ha planteado preocupaciones sobre la simplificación excesiva de un sistema médico complejo, posibles incompatibilidades con medicamentos convencionales, y cuestiones de apropiación cultural.

Un puente entre mundos

Ninguna figura ha sido tan instrumental en la popularización y adaptación del yoga y el Ayurveda para audiencias occidentales como Deepak Chopra. Como médico formado convencionalmente que experimentó una transformación personal profunda, Chopra ocupa una posición única como puente entre la ciencia occidental y la sabiduría oriental. Chopra ha rearticulado conceptos ancestrales en un lenguaje accesible para la mentalidad occidental, frecuentemente estableciendo paralelismos con descubrimientos científicos contemporáneos.

Además, a través del Centro Chopra y de colaboraciones con instituciones académicas, ha promovido la investigación científica rigurosa sobre la meditación, el yoga y las prácticas ayurvédicas. Chopra ofrece una visión integrativa: defiende un enfoque que *integra* lo mejor de múltiples tradiciones curativas, reconociendo tanto los puntos fuertes como las limitaciones de los sistemas médicos occidentales y orientales.

La obra de Deepak Chopra ofrece un modelo de integración respetuosa, que honra tanto la profundidad de la sabiduría antigua como las perspectivas de la ciencia moderna. Propone que el verdadero potencial de estas tradiciones se realiza no cuando las adoptamos incuestionablemente ni cuando las reducimos a meras técnicas, sino cuando participamos en un diálogo genuino entre Oriente y Occidente, entre lo antiguo y lo moderno, entre lo espiritual y lo científico. Como él mismo nos recuerda, seguramente la mayor contribución de estas tradiciones sea recordarnos que el bienestar verdadero emerge de la armonía entre cuerpo, mente, espíritu y el mundo que nos rodea.

CAPÍTULO 2

La vida de Deepak Chopra. Un encuentro decisivo

Formación médica

Deepak Chopra nació el 22 de octubre de 1946 en Nueva Delhi, India, en el seno de una familia de clase media. Su padre, Krishan Chopra, era un destacado cardiólogo que llegaría a ser el médico jefe del Hospital Moolchand y también ejerció como teniente en el Ejército Británico. Su madre, Pushpa Chopra, era ama de casa. Este entorno familiar, donde la medicina occidental convivía con las tradiciones culturales y espirituales de la India, constituiría la semilla del futuro pensamiento integrador de Deepak.

Desde muy joven, Chopra mostró una inteligencia brillante y una curiosidad innata. Creció en un ambiente intelectualmente estimulante, rodeado de libros de medicina y con frecuentes conversaciones sobre salud y ciencia en casa. Como hijo de un médico respetado, parecía natural que siguiera los pasos de su padre, aunque también tempranamente mostró interés por cuestiones filosóficas y existenciales.

Tras completar su educación primaria y secundaria con excelentes calificaciones, Chopra ingresó en el prestigioso *All India Institute of Medical Sciences* (AIIMS) en Nueva Delhi, donde se graduó en 1969 como médico. Durante estos años de formación, se empapó de los principios de la medicina occidental, con su enfoque científico y analítico, aunque nunca perdió de vista la rica tradición médica de su país natal, el Ayurveda, que más tarde integraría en su práctica.

A los 22 años, recién graduado, Chopra decidió emigrar a Estados Unidos para continuar su formación médica. Realizó su residencia en medicina interna en el *Muhlenberg Hospital* de New Jersey y posteriormente en el *Lahey Clinic* y el *University of Virginia* Hospital. Finalmente, completó su especialización en endocrinología en el *Tufts New England Medical Center* de Boston. Durante este periodo, Chopra se distinguió como un médico convencional altamente competente, publicando numerosos artículos científicos y ganándose el respeto de sus colegas.

En sus primeros años como médico en Estados Unidos, Chopra parecía seguir un camino tradicional en la medicina. Se estableció como endocrinólogo y llegó a ser jefe de personal en el *New England Memorial Hospital* (ahora *Boston Regional Medical Center*). Desarrolló una práctica médica exitosa, con pacientes que confiaban en su conocimiento y habilidades clínicas. Sin embargo, a pesar de sus logros profesionales, Chopra comenzó a experimentar una creciente insatisfacción.

Tabaco y alcohol

A principios de la década de 1980, mientras desarrollaba su carrera médica, Chopra enfrentaba algunas contradicciones personales. Por un lado, experimentaba el estrés típico de un médico ocupado en Estados Unidos, llegando incluso a fumar un paquete de cigarrillos diario y a consumir alcohol con regularidad para sobrellevar la presión. Por otro lado, comenzaba a cuestionar los límites del modelo médico occidental, especialmente al observar que muchos pacientes, a pesar de recibir los tratamientos adecuados, no mejoraban completamente o recaían en sus enfermedades.

Esta creciente inquietud intelectual y existencial preparó el terreno para un cambio significativo en su vida, que llegaría a través de su encuentro con la meditación trascendental (ver cap. 3) y posteriormente con su fundador, Maharishi Mahesh Yogi.

El encuentro con Maharishi Mahesh Yogi

En 1985, la vida de Chopra dio un giro decisivo cuando conoció a Maharishi Mahesh Yogi, el físico indio que había alcanzado fama mundial como maestro espiritual y fundador de la Meditación Trascendental (MT). Este encuentro no fue casual. Chopra ya había comenzado a interesarse por prácticas alternativas y había experimentado personalmente los beneficios de la meditación.

Su primer contacto con las enseñanzas de Maharishi se produjo a través de la lectura de algunos textos sobre Meditación Trascendental que le recomendó un paciente. Chopra, que entonces lidiaba con su propio estrés y unos hábitos poco saludables, decidió probar esta técnica meditativa. Los resultados fueron sorprendentes: en pocas semanas abandonó el tabaco y el alcohol, y comenzó a experimentar una claridad mental y un bienestar que había perdido en los años de intensa práctica médica.

De la meditación trascendental a la medicina tradicional hindú. Impresionado por estos cambios personales, Chopra buscó profundizar en las enseñanzas de Maharishi y finalmente tuvo la oportunidad de conocerlo personalmente. El encuentro con Maharishi fue transformador. Chopra encontró en él no solo a un maestro espiritual, sino también a un pensador que intentaba tender puentes entre la antigua sabiduría védica y la ciencia moderna, algo que resonaba profundamente con sus propias inquietudes.

Maharishi, por su parte, reconoció en Chopra a un médico brillante con potencial para ayudar a difundir una visión más integral de la salud. Le invitó a estudiar el Ayurveda, el sistema tradicional de medicina india, y a explorar cómo sus principios podían complementar la medicina occidental. Esta invitación marcó el inicio de una estrecha colaboración. Chopra se convirtío en su médico personal y en un estrecho colaborador.

En 1985, Maharishi nombró a Chopra director del Centro Maharishi Ayurveda en Lancaster, Massachusetts, la primera institución de este tipo en Estados Unidos. Bajo la guía de Maharishi, Chopra comenzó a formarse intensivamente en Ayurveda con médicos y vaidyas (médicos ayurvédicos tradicionales) de la India, integrando estos conocimientos con su formación médica occidental.

La relación entre Chopra y Maharishi fue profunda y multifacética. Maharishi se convirtió en su mentor espiritual, introduciéndole en las tradiciones filosóficas del Vedanta y en prácticas como el yoga y técnicas avanzadas de meditación. Pero también fue un colaborador intelectual, con quien Chopra exploró las intersecciones entre la física cuántica, la neurociencia y las tradiciones contemplativas de Oriente.

Durante este periodo, Chopra acompañó a Maharishi en diversos viajes internacionales, participando en conferencias y programas de formación. Se convirtió en uno de los principales portavoces del movimiento de Meditación Trascendental en el ámbito médico, utilizando su credibilidad como médico para defender la eficacia de estas prácticas. Numerosos estudios científicos comenzaban a avalar los beneficios de la meditación para la salud, y Chopra se convirtió en un entusiasta divulgador de estas investigaciones.

La relación con Maharishi duró varios años, durante los cuales Chopra se transformó de endocrinólogo convencional en pionero de la medicina mente-cuerpo. Sin embargo, a principios de la década de 1990 Chopra comenzó a desarrollar su propio camino, más allá de la estructura organizativa del movimiento de Meditación Trascendental. Aunque esta separación generó ciertas tensiones, Chopra siempre ha reconocido la profunda influencia de Maharishi en su vida y pensamiento.

Transformación personal: de la medicina convencional al enfoque holístico

La transición de Chopra desde la medicina convencional hacia un enfoque holístico no fue abrupta sino gradual, fruto de experiencias personales, cuestionamientos intelectuales y encuentros significativos como el que tuvo con Maharishi. Esta evolución puede entenderse como un proceso de integración más que de ruptura.

A finales de la década de 1980, Chopra ya había comenzado a incorporar principios ayurvédicos en su práctica médica, observando resultados prometedores en pacientes con condiciones crónicas que no respondían adecuadamente a los tratamientos convencionales. Estas experiencias clínicas reforzaron su convicción de que era necesario un enfoque más integral de la salud.

Un momento crucial en esta transformación fue la publicación en 1989 de su libro *Quantum Healing* (*La curación cuántica*, ver pág. 000), donde Chopra presentaba sus ideas sobre la relación entre mente y cuerpo, basándose tanto en la sabiduría ayurvédica como en los descubrimientos de la física cuántica y la neuroinmunología. El libro, que se convirtió en un best-seller internacional, catapultó a Chopra a la fama y le estableció como una voz influyente en el emergente campo de la medicina integrativa.

En 1993, Chopra dio otro paso decisivo al fundar el *Chopra Center for Wellbeing* en California, un centro dedicado a la enseñanza de prácticas para la salud integral con meditación, yoga, nutrición ayurvédica y técnicas de gestión del estrés. Este centro se convirtió en la plataforma desde la cual Chopra desarrollaría y difundiría su visión holística.

Advaita Vedanta. La transformación de Chopra también implicó un cambio en su modo de entender la propia naturaleza de la realidad y la conciencia. Si bien nunca abandonó su formación científica, comenzó a explorar perspectivas no dualistas derivadas del Advaita Vedanta (ver pág. 00) y otras tradiciones filosóficas de la India. Estas perspectivas postulaban que la conciencia, no la materia, es la base fundamental de la realidad, una idea que Chopra intentaría conciliar con los descubrimientos de la física cuántica.

La evolución personal y profesional de Chopra no estuvo exenta de controversias. Muchos médicos y científicos convencionales criticaron sus teorías por considerarlas especulativas o pseudocientíficas. Sin embargo, estas críticas no detuvieron su creciente influencia en la cultura popular y en el movimiento de medicina integrativa.

Espiritualidad y éxito

A partir de la década de 1990, Chopra amplió significativamente su campo de interés más allá de la medicina. Comenzó a escribir sobre espiritualidad, éxito, relaciones personales y conciencia colectiva. Libros como *Las siete leyes espirituales del éxito* (1994), *El camino hacia el amor* (1997) y *Cómo conocer a Dios* (2000) reflejaban esta expansión de su pensamiento hacia cuestiones existenciales y filosóficas más amplias.

Al mismo tiempo, Chopra comenzó a cultivar relaciones con figuras influyentes de diversos ámbitos; su amistad con Michael Jackson y Oprah Winfrey aumentó su visibilidad mediática. También estableció diálogos con científicos como el físico Fritjof Capra y el neurocientífico Rudolph Tanzi, buscando tender puentes entre la espiritualidad y la ciencia contemporánea.

Para el cambio de milenio, Chopra ya se había consolidado como uno de los principales referentes de la cultura New Age y de la espiritualidad contemporánea.

Su mensaje, que combina elementos de la sabiduría védica con conceptos de la física moderna y prácticas para el bienestar, resuena en millones de personas en todo el mundo que buscan un enfoque más integral para sus vidas.

En este proceso de transformación, Chopra nunca abandonó del todo su formación médica occidental. Más bien buscó expandirla e integrarla en una visión más amplia de la salud y el bienestar humano. Su evolución personal refleja un viaje desde el modelo mecanicista de la medicina convencional y el cientificismo, hacia una comprensión más holística y espiritual de la condición humana, un viaje que ha inspirado a muchos a reconsiderar la relación entre ciencia, consciencia y espiritualidad.

En estos momentos viaja por todo el mundo –viene a Ibiza a menudo– como conferenciante y formador en todas estas disciplinas. ¿Cuál es su mensaje? ¿Por qué meditar? Vamos a verlo.

CAPÍTULO 3

Meditación Trascendental

El catalizador en la transformación de Chopra

La Meditación Trascendental (MT) fue el punto de inflexión que transformó la vida de Deepak Chopra, convirtiéndolo de un médico convencional en un pionero de la medicina mente-cuerpo. Pero, ¿qué es exactamente esta técnica que tanto impacto tuvo en su vida y pensamiento?

La MT fue introducida en Occidente por Maharishi Mahesh Yogi en 1955, aunque sus raíces se encuentran en la tradición védica de la India. A diferencia de otras formas de meditación que implican concentración o contemplación, la MT se describe como una técnica «sin esfuerzo» que permite a la mente alcanzar un estado de «conciencia trascendental».

El procedimiento básico es simple: el practicante se sienta cómodamente con los ojos cerrados y repite silenciosamente un mantra (palabra o sonido específico) durante unos 20 minutos, dos veces al día. A diferencia de otras prácticas meditativas, la MT no requiere concentración intensa ni control del pensamiento; se instruye a los practicantes a dejar que la mente «transcienda» naturalmente hacia estados más refinados de pensamiento hasta alcanzar un estado de «alerta en reposo».

La experiencia de Chopra con la MT

Cuando Chopra comenzó a practicar la MT, experimentó cambios inmediatos y profundos. Como él mismo ha relatado, en cuestión de semanas abandonó hábitos como el tabaco y el alcohol, que había utilizado durante años para hacer frente al estrés profesional. Más significativamente, comenzó a experimentar una claridad mental y una creatividad que revitalizaron su práctica médica.

Según cuenta en su autobiografía, una de sus primeras experiencias poderosas con la MT ocurrió durante un retiro de meditación intensiva. Durante una sesión particularmente profunda, experimentó lo que describe como «un estado de conciencia pura, sin pensamientos, pero completamente despierta». Esta experiencia le proporcionó una intuición directa de que la conciencia no es simplemente un producto del cerebro, sino un campo fundamental que subyace a toda realidad.

Chopra ha señalado que esta comprensión experiencial, más que cualquier estudio intelectual, fue lo que lo impulsó a explorar la relación entre conciencia y salud: «No fue un argumento filosófico lo que me convenció, sino una experiencia directa de que la conciencia trasciende el pensamiento».

La evidencia científica

Una de las características distintivas de la MT es la extensa investigación científica que la respalda. Cuando Chopra comenzó a practicarla en los años ochenta, ya existían cientos de estudios documentando sus efectos fisiológicos y psicológicos.

En unas investigaciones pioneras de la Universidad de Harvard en la década de 1970 ya habían identificado, durante la práctica de la MT, lo que se llamó «la respuesta de relajación», un estado fisiológico caracterizado por una reducción de la presión arterial, disminución del consumo de oxígeno y cambios en las ondas cerebrales.

En estudios posteriores se demostraron efectos más amplios: reducción del nivel de cortisol (la hormona del estrés), mejoría en diversos marcadores cardiovasculares, aumento de la coherencia cerebral y cambios positivos en múltiples parámetros psicológicos, desde la reducción de ansiedad hasta el incremento del bienestar subjetivo y la autoestima.

Estos hallazgos proporcionaron a Chopra, como médico científicamente formado, una base sólida para empezar a integrar las prácticas meditativas en su enfoque de la salud. No se trataba solo de una técnica esotérica, sino de una intervención con efectos medibles en los sistemas neuroendocrino e inmunológico.

La MT y el Ayurveda: una síntesis poderosa

Lo que hizo único el enfoque de Chopra fue su integración de la MT con los principios del Ayurveda, el sistema médico tradicional de la India. Bajo la guía de Maharishi, Chopra comenzó a ver cómo ambas tradiciones se complementaban y potenciaban mutuamente.

El Ayurveda clasifica a las personas según tres «doshas» o constituciones psicofisiológicas predominantes (Vata, Pitta y Kapha, ver pág. 14), cada uno con características distintas y tendencias hacia determinados desequilibrios. Chopra observó que la práctica regular de MT ayudaba a equilibrar estos doshas, facilitando el proceso de sanación desde un nivel profundo.

Especialmente significativa fue su observación de que la MT parecía potenciar los efectos de las terapias ayurvédicas. Pacientes que combinaban ambos enfoques mostraban mejorías más rápidas y sostenibles que aquellos que seguían solo uno de ellos.

Esta síntesis se convirtió en la piedra angular del enfoque que Chopra desarrollaría más tarde en el Centro Maharishi Ayurveda y posteriormente en el *Chopra Center for Wellbeing*: una medicina integral que reconoce la conciencia como el campo fundamental desde el que emergen tanto la salud como la enfermedad.

Impacto cultural y controversias

La MT ha sido respaldada por numerosos estudios científicos, no ha estado exenta de controversias. Algunos críticos han cuestionado algunos aspectos organizativos del movimiento, como su estructura de enseñanza y tarifas. Otros han objetado la presentación de la técnica como superior a otras formas de meditación.

Levitar. Como curiosidad, en sus campañas un grupo de MT llegó a presentar supuestas prácticas de levitación, con imágenes para promocionar un curso. Imagínate sentada en posición de loto, relajada y meditativa. Has de tener tu cuerpo físico muy afinado como para permitirte dar unos pequeños botes, ya de por sí difíciles. Las fotos, naturalmente, eran captadas justo en el momento de dar este saltito tan pequeño. En resumen, esta práctica, a modo de importante esfuerzo personal (que enlaza con la tradición de los grandes yoguis), es hermosa. Utilizarla como promoción, no lo es.

Chopra mismo se distanció de la organización oficial de MT, aunque ha continuado practicando y recomendando la técnica. Su enfoque ha sido integrarla en un contexto más amplio de prácticas para el bienestar, adaptándola a las necesidades y sensibilidades contemporáneas.

El legado transformador

Independientemente de las controversias, es indiscutible que la MT jugó un papel central en la transformación personal y profesional de Chopra. Le proporcionó una experiencia directa de estados expandidos de conciencia que cambió fundamentalmente su comprensión de la relación mente-cuerpo.

Más significativamente, la MT actúa como puente entre su formación médica occidental y la antigua sabiduría de la India, permitiéndole desarrollar un enfoque verdaderamente integrativo que reconoce tanto el valor de la tecnología médica moderna como el potencial transformador de la conciencia.

Para Chopra, la MT nunca fue simplemente una técnica de relajación o manejo del estrés, sino una puerta de entrada a la exploración directa de la conciencia como campo fundamental de la existencia. Esta exploración sigue inspirando su trabajo hasta el día de hoy, proporcionando una base experiencial para su visión de la salud como reflejo de la armonía entre mente, cuerpo y espíritu.

CAPÍTULO 4

Chopra y la naturaleza de la conciencia

La mente y la conciencia

Para Deepak Chopra, la conciencia no es un producto secundario del cerebro o un epifenómeno de la actividad neuronal, como sostiene el paradigma materialista predominante en la neurociencia occidental. En su visión, la conciencia es la base misma de la realidad, el campo fundamental del que emerge toda experiencia (materia incluida). Esta perspectiva, profundamente arraigada en la tradición filosófica del Vedanta advaita, representa uno de los aspectos más importantes del pensamiento de Chopra.

«La conciencia crea la realidad, no al revés». Para entender esta afirmación, aparentemente contraintuitiva, conviene tener en cuenta que integra elementos de la filosofía oriental, la física cuántica y los más recientes hallazgos en neurociencia.

Chopra considera que lo que llamamos «realidad objetiva» es en realidad una construcción de nuestra conciencia, una interpretación de datos sensoriales filtrados a través de nuestras creencias, expectativas y condicionamientos culturales. La distinción entre observador y observado, entre sujeto y objeto, es ilusoria.

«**Conciencia pura**». En el nivel más fundamental, existe una unidad indivisible que Chopra, siguiendo la tradición vedántica, denomina «conciencia pura» o «campo unificado de conciencia».

Esta conciencia pura no debe confundirse con la mente individual o con el pensamiento. Para Chopra, la mente es un nivel de expresión de la conciencia, no su fuente. La conciencia es previa a la mente, al pensamiento y a la materia. Chopra describe la conciencia como «el conocedor silencioso que está detrás de todos tus pensamientos», aquel aspecto de tu ser que observa tus pensamientos sin identificarse con ellos.

La forma en que Chopra articula su visión de la conciencia ha evolucionado a lo largo de los años, incorporando progresivamente hallazgos de la física cuántica y la neurociencia. Y en obras como *La curación cuántica* y *Sincrodestino*, establece paralelismos entre la naturaleza no local y probabilística de la realidad cuántica y la naturaleza de la conciencia. Así como en el nivel cuántico las partículas parecen existir como posibilidades hasta que son observadas, Chopra sugiere que la realidad macroscópica se materializa a partir de un campo de posibilidades infinitas mediante la actividad de la conciencia.

Neurociencias. Esta perspectiva ha sido criticada por muchos científicos por lo que consideran un uso inadecuado de conceptos de la física cuántica aplicados a fenómenos macroscópicos. Sin embargo, Chopra sostiene que el salto conceptual no es tan grande como parece, especialmente a la luz de experimentos que sugieren efectos cuánticos en sistemas biológicos.

En su obra más reciente, y especialmente en colaboración con neurocientíficos como Rudolph Tanzi, Chopra tiende puentes entre su visión no dualista de la conciencia y los actuales descubrimientos sobre la neuroplasticidad cerebral. La capacidad del cerebro para reorganizarse en respuesta a la experiencia y el pensamiento ofrece, según Chopra, una ventana a través de la cual podemos vislumbrar cómo la conciencia moldea la materia, literalmente reconfigurando las estructuras cerebrales.

¿Dónde está la conciencia? Una idea importante en la visión de Chopra es la de «no-localidad de la conciencia». Mientras que el paradigma neurocientífico predominante sitúa la conciencia en el cerebro, Chopra sostiene que la conciencia trasciende los límites espaciales y temporales. Para ilustrar esta idea, Chopra a menudo cita fenómenos como la intuición, la telepatía y las experiencias cercanas a la muerte, que sugieren una posible independencia de la conciencia respecto al cerebro físico.

La interconexión entre cuerpo y mente

Para Chopra, mente y cuerpo no son entidades separadas, sino expresiones diferentes de un mismo campo de inteligencia. «Tu cuerpo es tu mente en movimiento», afirma en *Cuerpos sin edad, mentes sin tiempo* (ver pág. 51). Esta perspectiva, que podría parecer revolucionaria en el contexto de la medicina occidental, tiene profundas raíces en el Ayurveda, el sistema médico tradicional de la India que Chopra estudió intensamente tras su encuentro con Maharishi.

En la visión ayurvédica que Chopra ha ayudado a divulgar en Occidente, el cuerpo físico es solo una de las capas o «koshas» del ser humano, que contiene también cuerpos más sutiles: el cuerpo energético (pranamaya kosha), el cuerpo mental (manomaya kosha), el cuerpo intuitivo (vijnanamaya kosha) y el cuerpo de bienaventuranza (anandamaya kosha). Estos cuerpos más sutiles interpenetran y condicionan el cuerpo físico, estableciendo una continuidad entre lo que convencionalmente llamamos «mente» y «cuerpo».

Psicologías. En términos más accesibles para el público occidental, Chopra describe esta interconexión a través del concepto de «red psicosomática», una red de información e inteligencia que conecta cada célula del cuerpo con cada pensamiento, emoción y creencia. Esta red, que integra los sistemas nervioso, endocrino e inmunológico, constituye el sustrato biológico de la conexión mente-cuerpo.

La evidencia científica para esta interconexión ha crecido significativamente desde que Chopra comenzó a defenderla en los años ochenta. El campo de la psiconeuroinmunología ha documentado extensamente cómo los estados mentales y emocionales influyen en el sistema inmunitario, mientras que la epigenética ha revelado cómo los factores ambientales, con experiencias subjetivas como el estrés, pueden modificar la expresión genética sin alterar el ADN.

Salud y enfermedad. Chopra ha sido particularmente incisivo al señalar las implicaciones de esta interconexión para la salud. En su visión, muchas enfermedades tienen su origen en desequilibrios que comienzan en niveles sutiles de conciencia antes de manifestarse físicamente. El estrés crónico, los pensamientos negativos recurrentes y las emociones reprimidas pueden, a través de la red psicosomática, alterar la bioquímica corporal y predisponer a diversas dolencias.

Esta comprensión de la enfermedad contrasta con el modelo biomédico predominante, que tiende a buscar causas exclusivamente físicas (genéticas, bioquímicas, microbianas) para las patologías. Sin negar la validez de estos factores, Chopra propone un modelo multicausal y multinivel que reconoce el papel de la conciencia en la génesis de la enfermedad y, crucialmente, en su curación.

La curación cuántica, uno de sus libros más influyentes, desarrolla precisamente esta idea: la capacidad del cuerpo para autocurarse está intrínsecamente ligada a la conciencia. A través de lo que Chopra denomina «mecánica cuántica del cuerpo», los cambios en la conciencia —facilitados por prácticas como la meditación, la visualización o el reconocimiento de patrones limitantes— pueden catalizar transformaciones físicas profundas.

Una idea clave para comprender la relación mente-cuerpo es la del «campo cuántico», con posibilidades infinitas y del que emergen tanto los pensamientos como las partículas físicas. La mente, según Chopra, no está confinada al cerebro, sino que opera en este campo no local, pudiendo influir instantáneamente en cualquier parte del cuerpo.

¿Por qué envejecemos y enfermamos? Esta visión del cuerpo como «río de inteligencia» en constante flujo tiene importantes implicaciones prácticas. Si el cuerpo se

El Vedanta Advaita y la no-dualidad

El Advaita Vedanta es una de las escuelas filosóficas más influyentes dentro del pensamiento hindú, y constituye una base fundamental para entender las ideas de Deepak Chopra sobre la conciencia. El término «advaita» significa literalmente «no-dual» o «no-dos» en sánscrito, reflejando la enseñanza central de esta filosofía: la unidad fundamental de toda existencia.

El origen. Esta tradición filosófica tiene sus raíces en los antiguos textos sagrados de la India, particularmente en las Upanishads (entre el 800 y 500 a.C.), que forman la parte final de los Vedas. Y fue sistematizada y llevada a su expresión más refinada por el filósofo Adi Shankaracharya en el siglo VIII d.C.

En el corazón de este sistema filosófico está la idea de que la aparente multiplicidad del mundo y la separación entre sujeto y objeto, observador y observado, es una ilusión (maya) producida por la ignorancia fundamental (avidya).

El mensaje del Advaita Vedanta nos habla de maya e ilusión: el mundo fenoménico, con su aparente diversidad, es una manifestación ilusoria (maya). No es que el mundo sea irreal en sentido absoluto, sino que su percepción como separado de Brahman es lo que constituye la ilusión.

Nos dice que la ignorancia (avidya) de nuestra verdadera naturaleza es la causa fundamental del sufrimiento y la limitación humana.

El camino de la liberación (moksha) es a través del conocimiento.

renueva constantemente a nivel celular (como ocurre en muchos tejidos), ¿por qué envejecemos y enfermamos? La respuesta de Chopra apunta a los patrones de conciencia: son nuestros hábitos mentales, condicionamientos y creencias los que mantienen patrones físicos disfuncionales a pesar de la renovación celular.

En *Cuerpos sin edad, mentes sin tiempo* (ver cap. 6), Chopra desarrolla esta idea: nos dice que el envejecimiento no es un proceso inevitable, sino modificable a través de la conciencia. Mediante «determinantes cuánticos mecánicos del envejecimiento» —percepción, cognición y sistemas de creencias—, sugiere que podemos influir profundamente en cómo nuestro cuerpo expresa el paso del tiempo.

A lo largo de sus numerosas obras, Chopra ha ofrecido diversas prácticas para aprovechar terapéuticamente la conexión mente-cuerpo: meditación, yoga, técnicas de respiración, nutrición consciente, visualización creativa, recitación de mantras y muchas otras. Lo que unifica estas prácticas es su capacidad para alterar los estados de conciencia y, a través de ellos, influir en la fisiología.

En definitiva, esta relación mente-cuerpo puede verse como un retorno a una sabiduría antigua expresada en términos contemporáneos: la unidad fundamental de la experiencia humana, donde cuerpo, mente, emociones y espíritu no son compartimentos estancos, sino aspectos interrelacionados de un único campo de conciencia en constante evolución.

Deepak Chopra y la no-dualidad

Chopra ha integrado estos principios de no-dualidad del Advaita Vedanta en su visión de la conciencia y la realidad, adaptándolos al lenguaje y contexto contemporáneos. Cuando habla de la «conciencia pura» como el fundamento de toda realidad, está expresando esencialmente la idea vedántica de Brahman como la única realidad.

Su insistencia en que la separación entre observador y observado es ilusoria refleja directamente la perspectiva advaita. Cuando afirma que todos estamos interconectados en un «campo unificado de conciencia», está rearticulando la noción vedántica de que, en el nivel más profundo, todos somos expresiones de la misma realidad.

La meditación ocupa un lugar central, tanto en el Advaita Vedanta como en las enseñanzas de Chopra, no como mera técnica de relajación sino como medio para experimentar directamente la no-dualidad. Al practicar meditación, la persona puede trascender la identificación con el yo individual (ego) y experimentar la conciencia pura que trasciende las distinciones de sujeto y objeto.

CAPÍTULO 5

Medicina energética: La curación cuántica

El inicio de una visión revolucionaria

En 1989, Deepak Chopra publicó *Quantum Healing* (*La curación cuántica*), una obra que marcó un antes y un después no solo en su trayectoria profesional, sino también en la manera en que muchos occidentales concebirían la relación entre mente, cuerpo y salud en las décadas siguientes. Este libro no surgió de la nada, sino que representó la culminación de un proceso de transformación personal y profesional que Chopra había comenzado años antes.

Tras su encuentro con Maharishi Mahesh Yogui en 1985 y su inmersión en el Ayurveda, Chopra había empezado a integrar conceptos de la medicina tradicional india con sus conocimientos de endocrinología y neurociencia. Simultáneamente, se sentía cada vez más fascinado por los descubrimientos de la física cuántica y sus posibles implicaciones para entender la naturaleza de la realidad y la conciencia. La curación cuántica emergió como una síntesis audaz de estas corrientes aparentemente dispares.

El propio Chopra ha explicado que la idea central del libro surgió durante una conversación con el físico Fritjof Capra, autor de *El Tao de la Física*. Discutiendo sobre las similitudes entre la física moderna y las filosofías orientales, Chopra tuvo lo que describe como una intuición repentina: si la materia a nivel subatómico no es sólida, sino un campo de posibilidades cuánticas, y si la conciencia puede influir en estas posibilidades como sugiere la mecánica cuántica, entonces la conciencia humana podría tener un papel mucho más importante en la salud y la enfermedad de lo que la medicina occidental reconocía.

Esta intuición se vio reforzada por su experiencia clínica. Chopra comenzaba a documentar casos en los que los pacientes con enfermedades consideradas incurables experimentaban remisiones espontáneas tras darse cambios profundos en su estado de conciencia. Un caso particularmente impactante fue el de una mujer con cáncer metastásico a quien los médicos habían dado solo unos meses de vida. Tras un periodo de meditación intensiva y un cambio radical en su perspectiva vital, sus tumores comenzaron a reducirse hasta desaparecer completamente. La medicina convencional calificaba estos casos como «anomalías« o «milagros», pero él intuía que puede haber un mecanismo subyacente que la ciencia actual no había identificado aún.

Bases de la curación cuántica

En este libro Chopra desarrolla una teoría revolucionaria que desafía los fundamentos del modelo biomédico prevalente. Así, el cuerpo humano no es una máquina bioquímica, sino una red dinámica de energía e información en constante flujo. La salud no es meramente la ausencia de síntomas físicos, sino un estado de equilibrio y coherencia en este campo de información.

Chopra basa su teoría en tres pilares fundamentales:

1. **La física cuántica como nuevo paradigma:** La física newtoniana consideraba la materia como algo sólido y determinista, pero la física cuántica revela que, a nivel subatómico, la materia es esencialmente energía organizada en patrones de información. Las partículas subatómicas existen como probabilidades hasta que son observadas. Esta visión, según Chopra, es mucho más coherente con la visión ayurvédica del cuerpo como un campo de energía inteligente.

2. **La red psicosomática:** Chopra introduce su concepto de «red psicosomática», una red de información e inteligencia que conecta cada célula del cuerpo con cada pensamiento, emoción y creencia. Esta red integra los sistemas nervioso, endocrino e inmunológico en un todo coherente. Través de esta red, cada pensamiento o emoción tiene un correlato bioquímico inmediato en forma de neuropéptidos (moléculas mensajeras que influyen en todas las funciones celulares).

3. **La conciencia como fuerza curativa:** La innovación más radical de Chopra es la idea de que la conciencia no está confinada al cerebro, sino que opera a nivel cuántico en todo el cuerpo. A través de técnicas como la meditación, la visualización consciente o incluso cambios profundos en las creencias, la conciencia puede reorganizar los patrones de información en el cuerpo, facilitando la curación a nivel celular y molecular.

Una de las ideas más fascinantes que Chopra desarrolla es el de «quantum mechanical body» (cuerpo cuántico-mecánico), una dimensión del organismo que existe entre la materia física y la conciencia pura. Esta dimensión, invisible para los sentidos ordinarios, pero accesible a través de estados modificados de conciencia, sería el nivel donde operan los procesos de auto-sanación más profundos.

El salto cuántico en la curación

El término «curación cuántica» hace referencia a un fenómeno específico: el salto discontinuo en la salud que ocurre cuando una persona accede a niveles más profundos de conciencia. Al igual que un electrón puede «saltar» de una órbita a otra sin pasar por estados intermedios, la curación puede manifestarse de forma no lineal y aparentemente inexplicable desde la perspectiva de la medicina convencional.

Chopra distingue esta curación cuántica de la mera remisión de síntomas o la curación gradual. En la curación cuántica, el organismo experimenta una reorganización profunda y súbita que puede resultar en la desaparición de enfermedades que la medicina convencional consideraba incurables o Así, erónicas.

Este salto cuántico hacia la salud no es un evento místico o sobrenatural, sino un proceso natural que ocurre cuando se cumplen ciertas condiciones en la conciencia:

1. **Trascendencia del miedo:** El miedo, especialmente el miedo a la muerte o al sufrimiento, crea un estado de contracción en la conciencia que bloquea los mecanismos naturales de curación.

2. **Acceso al campo unificado:** A través de la meditación profunda, la persona puede acceder a lo que Chopra denomina «campo unificado de conciencia», un estado donde las barreras entre el yo individual y el universo se disuelven.

3. **Coherencia mente-cuerpo:** Cuando pensamientos, emociones, creencias y fisiología operan en sincronía, se crea un estado de coherencia que potencia enormemente los mecanismos de autocuración.

Chopra ilustra estos principios con numerosos casos clínicos, como el de un paciente con artritis reumatoide severa que, tras un periodo intensivo de meditación y visualización, experimentó una remisión completa de síntomas que se mantuvo durante años. Lo revolucionario no era solo la remisión de los síntomas, sino los cambios medibles en marcadores inmunológicos y hormonales que acompañaron a esta mejoría, sugiriendo un mecanismo biológico subyacente.

Evidencia científica y controversias

La publicación de *La curación cuántica* generó tanto entusiasmo como controversia en la comunidad médica y científica. Desde entonces, el campo emergente de la psiconeuroinmunología ha proporcionado evidencia sustancial sobre las interacciones entre la mente y el sistema inmunológico, validando parcialmente algunas de las intuiciones de Chopra.

Estudios como los del Instituto HeartMath han documentado cómo determinados estados emocionales y mentales influyen en la coherencia cardíaca, la variabilidad de la frecuencia cardíaca y diversos marcadores de estrés oxidativo. La investigación en epigenética ha revelado cómo los factores ambientales (incluidos los estados psicológicos) pueden modificar la expresión genética sin alterar el ADN subyacente en los genes.

Sin embargo, muchos científicos siguen cuestionando la interpretación que Chopra hace de la física cuántica y su aplicación al ámbito de la salud. Críticos como el físico Víctor Stenger argumentan que la mecánica cuántica opera primariamente a escala subatómica y que extrapolar sus principios a sistemas macroscópicos como el cuerpo humano constituye un «salto cuántico» injustificado.

Chopra ha respondido a estas críticas señalando que, si bien la física cuántica proporciona una metáfora útil para entender ciertos aspectos de la curación, su enfoque se basa en última instancia en la observación clínica y en tradiciones médicas con miles de años de antigüedad. También destaca que la ciencia actual apenas comienza a desarrollar instrumentos lo suficientemente sensibles para detectar y medir los fenómenos sutiles que ocurren en la interfaz mente-cuerpo.

Se empieza a aceptar. En 2015, una revisión sistemática publicada en el *Journal of Alternative and Complementary Medicine* examinó estudios sobre intervenciones mente-cuerpo y concluyó que existía evidencia sustancial de sus efectos en diversos marcadores biológicos, aunque los mecanismos exactos seguían siendo objeto de investigación. Cada vez más instituciones médicas de prestigio, como la Clínica Mayo y la Universidad de Harvard, han incorporado enfoques mente-cuerpo en sus programas clínicos, indican un claro reconocimiento creciente de su valor terapéutico.

Técnicas prácticas de curación cuántica

Más allá de la teoría, Chopra ha desarrollado y difundido diversas prácticas para aprovechar el potencial curativo de la conciencia. Estas son algunas de las más significativas:

1. **Meditación primordial:** Basada en la Meditación Trascendental, pero adaptada específicamente para fines terapéuticos, esta técnica utiliza mantras personalizados según la constitución ayurvédica del individuo para acceder a niveles más profundos de conciencia.

2. **Visualización cuántica:** A diferencia de la visualización convencional, este enfoque no se centra en «imaginar» la curación, sino en acceder directamente al nivel cuántico donde la mente y el cuerpo son un continuo de información. Chopra sugiere visualizar no solo el resultado deseado, sino el proceso mismo de la transformación celular.

3. **Restauración del ritmo circadiano:** Sincronizar las actividades diarias con los ciclos naturales del cuerpo y el cosmos, siguiendo principios ayurvédicos sobre las mejores horas para comer, dormir y realizar diversas actividades.

4. **Desintoxicación mente-cuerpo:** Programas que integran nutrición ayurvédica, meditación, masajes y fitoterapia para eliminar toxinas físicas y emocionales.

5. **Trabajo con los «sanskaras»:** Identificación y liberación de patrones inconscientes de pensamiento y comportamiento (sanskaras), que bloquean el flujo natural de energía e información en el organismo.

Un aspecto que distingue el punto de vista de Chopra es que estas técnicas no se presentan como «alternativas», sino como complementarias a la medicina convencional. En su práctica clínica y en los programas del *Chopra Center for Wellbeing*, ha promovido consistentemente un enfoque integrador que reconoce tanto el valor de la tecnología médica moderna como el potencial curativo de la conciencia.

El impacto cultural de la curación cuántica

La curación cuántica no solo introdujo conceptos revolucionarios en el ámbito de la medicina, sino que catapultó a Chopra a la fama internacional y lo estableció como una de las voces más influyentes en el campo de la medicina integrativa y la espiritualidad contemporánea.

El libro se convirtió en un best-seller internacional, traducido a más de 35 idiomas, y marcó el inicio de una prolífica carrera como escritor, con más de 90 libros publicados hasta la fecha. Su impacto se extendió mucho más allá del ámbito médico, influyendo en la cultura popular y contribuyendo significativamente a lo que algunos han llamado la «orientalización de Occidente», si bien la fascinación por las culturas orientales se había ido generalizando en la segunda mitad del siglo pasado.

Hoy encontraremos aspectos de la curación cuántica que son ahora habituales en diversos entornos: desde programas corporativos de bienestar hasta tratamientos complementarios personalizados en algunos hospitales; desde prácticas de autocuidado hasta enfoques psicoterapéuticos innovadores. Expresiones como «medicina mente-cuerpo», «enfoque holístico», «medicina energética» o «medicina integrativa» (o «integral»), que una vez fueron considerados alternativos o marginales, forman ahora parte cada vez más del vocabulario médico.

Más significativamente, la curación cuántica contribuyó a cambiar la percepción pública sobre el papel del paciente en el proceso de curación. La idea de que el paciente no es un receptor pasivo de intervenciones médicas, sino un participante activo con capacidad para influir en su propia salud a través de la conciencia, ha empoderado a millones de personas en su búsqueda de bienestar.

La evolución de la idea de Chopra

En las tres primeras décadas transcurridas desde la publicación de La curación cuántica, el pensamiento de Chopra ha seguido evolucionando. En obras posteriores como *Cuerpos sin edad, mentes sin tiempo* (ver pág. 51), *Reinventar el cuerpo, resucitar el alma* y *Super Cerebro*, coescrito con el neurólogo Rudolph Tanzi), ha perfeccionado sus ideas sobre la conexión mente-cuerpo a la luz de nuevos descubrimientos científicos.

En colaboración con físicos como Menas Kafatos y científicos como Stuart Hameroff, ha explorado las implicaciones más profundas de la física cuántica para la comprensión de la conciencia, desarrollando lo que algunos han llamado una «neurociencia no-local». Este enfoque nos dice que la conciencia no está confinada al cerebro, sino que opera a nivel fundamental en el universo, una perspectiva que resuena tanto con las tradiciones contemplativas de Oriente como con interpretaciones no-materialistas de la mecánica cuántica.

La intuición original que dio origen a *La curación cuántica* —que la conciencia juega un papel fundamental en la salud y la enfermedad— permanece como el núcleo del mensaje de Chopra, aunque expresada con matices y complejidades cada vez mayores a medida que integra nuevos conocimientos de diversas disciplinas.

La curación cuántica, hoy

¿Cuál es el estado actual de la curación cuántica? Lejos de ser un capítulo cerrado en la historia de la medicina alternativa, los principios explorados por Chopra en su obra seminal siguen inspirando investigaciones de vanguardia en diversos campos:

Laboratorios de neurociencia como el dirigido por Richard Davidson en la Universidad de Wisconsin-Madison están documentando cambios estructurales y funcionales en el cerebro asociados con la meditación y otras prácticas contemplativas.

Pioneros en epigenética, como Bruce Lipton, están explorando cómo nuestras percepciones y creencias influyen en la expresión genética a nivel celular.

Centros médicos académicos como el *Osher Center for Integrative Medicine* en Harvard y UCSF están investigando rigurosamente la eficacia de intervenciones mente-cuerpo para diversas condiciones médicas.

El emergente campo de la psiconeuroinmunología (PNEI, ver recuadro) está cartografiando las vías bioquímicas precisas a través de las cuales los estados mentales y emocionales influyen en el sistema inmunológico y otras funciones fisiológicas.

Los rishis, videntes de la Antigua India

Los rishis ocupan un lugar central en la tradición védica, siendo figuras que Deepak Chopra menciona frecuentemente como los descubridores originales de las verdades que la ciencia moderna está redescubriendo gradualmente.

¿Quiénes eran los rishis? La palabra «rishi» deriva del sánscrito y significa literalmente «vidente» o «sabio». En la tradición india, los rishis no eran simplemente eruditos o filósofos, sino videntes que «escucharon» (shruti) las verdades eternas del cosmos durante estados profundos de meditación.

La ciencia de los rishis. A través de prácticas meditativas rigurosas y disciplinadas, accedían a lo que Chopra describe como «niveles cuánticos de la mente», donde podían percibir directamente la estructura subyacente de la realidad. Desde esta perspectiva, los rishis no especulaban sobre la naturaleza del universo; la experimentaban directamente.

En *La curación cuántica*, Chopra sugiere que los rishis antiguos comprendieron intuitivamente principios que la física cuántica está redescubriendo: la naturaleza no-local de la conciencia, la interconexión fundamental de toda existencia y la fluidez entre mente y materia.

Cada vez hay más pruebas (científicas) de que Chopra tiene razón

Aunque el término «curación cuántica» ha sido a veces apropiado por enfoques pseudocientíficos —algo que el propio Chopra ha lamentado—, la visión esencial que propuso hace tres décadas está encontrando validación creciente: la conciencia humana tiene un papel fundamental en la salud que trasciende el efecto placebo o la modificación conductual. Es una fuerza potencialmente transformadora que opera a través de mecanismos que apenas comenzamos a comprender.

Para Chopra, la curación cuántica nunca fue solo una teoría médica, sino una puerta de entrada a una comprensión más profunda de la conciencia humana y su lugar en el cosmos. Como escribió en la conclusión de su libro: «La curación cuántica no es el fin del viaje, sino apenas el comienzo de una exploración que puede llevarnos a redescubrir las dimensiones más profundas de nuestra humanidad.»

Esta exploración continúa, tanto en la vida y obra de Chopra como en la de los millones de personas que han sido tocadas por su visión de la salud como un reflejo de la armonía entre mente, cuerpo y espíritu.

CAPÍTULO 6

Longevidad: Cuerpos sin edad, mentes sin tiempo

Una nueva perspectiva sobre el envejecimiento

En 1993, Deepak Chopra publicó *Ageless Body, Timeless Mind* (*Cuerpos sin edad, mentes sin tiempo*), una obra revolucionaria que desafiaba las concepciones convencionales sobre el envejecimiento. El libro, que se convirtió rápidamente en un fenómeno editorial (se vendieron más de 1,5 millones de ejemplares en pocos meses), proponía una premisa audaz: el envejecimiento no es un proceso inevitable determinado exclusivamente por la biología, sino un fenómeno multidimensional influenciado profundamente por nuestros pensamientos, emociones, creencias y nivel de conciencia.

El momento de la publicación fue especialmente propicio. La generación del baby boom comenzaba a enfrentar la mediana edad, y la preocupación por el envejecimiento se intensificaba en la cultura occidental. Sin embargo, lo que Chopra ofrecía no era simplemente otro manual de consejos para mantenerse joven o una promesa de inmortalidad física. Presentaba una reconceptualización radical del envejecimiento basada tanto en la sabiduría ayurvédica como en los descubrimientos emergentes de la biología molecular y la física cuántica.

Otra manera de pensar en la vejez. La aparición de Chopra en el programa de Oprah Winfrey (la popular presentadora de TV en EE.UU.) promocionando el libro causó sensación. Según relata el propio Chopra, la cadena de televisión recibió miles de llamadas de espectadores fascinados por la idea de que podían tener mayor control sobre su proceso de envejecimiento del que la medicina convencional les había hecho creer. Este episodio marcó un punto de inflexión, no solo en la carrera de Chopra, sino en la forma en que muchos occidentales comenzaron a pensar sobre la vejez y la longevidad.

Desafiando el paradigma mecánico

En el corazón de *Cuerpos sin edad, mentes sin tiempo* está el rechazo al viejo modelo de la medicina convencional, que concibe el envejecimiento principalmente como un proceso de desgaste físico inevitable. Según Chopra, este modelo mecanicista ignora el papel fundamental que juega la conciencia en la fisiología humana y perpetúa lo que él llama «hipnosis colectiva»: la creencia generalizada de que el deterioro asociado con la edad es inevitable e irreversible.

«Has estado programado para envejecer», escribe Chopra. «Desde el momento en que naciste, la sociedad implantó en ti creencias sobre lo que significa envejecer, y estas creencias, más que tu biología, gobiernan el proceso de envejecimiento.»

El cuerpo como río de inteligencia

Una de las metáforas más poderosas que Chopra introduce es la del cuerpo humano como «río de inteligencia» en constante renovación, más que como una máquina que se desgasta con el tiempo. Esta perspectiva está respaldada por hechos biológicos: nuestros cuerpos se renuevan constantemente a nivel celular. Cada segundo mueren y nacen millones de células en nuestro organismo.

«Tu cuerpo», escribe Chopra, «no es el mismo que el de hace un año, un mes, o incluso un día atrás. La piel que te cubría hace un mes ha sido completamente reemplazada por piel nueva. Tu esqueleto, que parece tan sólido, se reconstruye completamente cada tres meses. El revestimiento de tu estómago se reemplaza cada cinco días. Y cada semana tienes un nuevo conjunto de glóbulos blancos circulando por tu cuerpo.»

Esta constante renovación plantea una pregunta fundamental: si nuestros cuerpos se regeneran continuamente, ¿por qué envejecemos?

Porque nuestros patrones de pensamiento, emociones y creencias influyen en este proceso de regeneración a nivel celular y molecular.

«Tu cuerpo físico», explica, «sigue las instrucciones de tu cuerpo cuántico, que es esencialmente un campo de información e inteligencia.» Cuando este campo está influenciado por creencias limitantes sobre el envejecimiento, por estrés crónico o por estados emocionales negativos, la regeneración celular se vuelve menos eficiente y precisa, manifestándose como signos de envejecimiento.

Chopra relata el caso de una paciente de 62 años que había desarrollado artritis reumatoide severa después de un divorcio traumático. Tras varios meses siguiendo un programa de meditación, visualización y terapia ayurvédica, no solo experimentó una notable reducción en los síntomas de la artritis, sino que sus amigos y familiares comenzaron a comentar que parecía haber rejuvenecido visiblemente. Las pruebas médicas mostraron mejoras significativas en marcadores inflamatorios y hormonales. Chopra atribuye esta transformación a cambios en el «software» mental que había alterado la expresión biológica de su cuerpo.

Los determinantes cuánticos del envejecimiento

Una contribución original de Chopra es su identificación con los «determinantes cuánticos mecánicos del envejecimiento»: los factores fundamentales que influyen en el proceso de envejecimiento a nivel subcelular:

1. **Percepción del tiempo:** Nuestra experiencia subjetiva del tiempo influye directamente en nuestros procesos biológicos. Chopra cita estudios donde se ha observado que personas en estados meditativos profundos muestran marcadores biológicos de edad significativamente menores que sus contrapartes no meditadoras de la misma edad cronológica.

2. **Estados de conciencia:** Diferentes estados de conciencia (alerta, sueño, meditación, etc.) generan diferentes respuestas bioquímicas en el cuerpo. Los estados más elevados de conciencia tienen efectos regenerativos en los sistemas corporales.

3. **Interpretación y significado:** La forma en que interpretamos los eventos influye en nuestra biología. Chopra cita investigaciones que muestran cómo el estrés percibido, más que el estrés objetivo, correlaciona con el envejecimiento celular acelerado.

4. **Calidad de atención:** Donde enfocamos nuestra atención determina nuestra experiencia y, por extensión, nuestra biología. La atención consciente y centrada genera respuestas fisiológicas diferentes a la atención dispersa o fragmentada.

5. **Intención y expectativa:** Las expectativas no solo afectan nuestra psicología, sino también nuestra fisiología. Chopra refiere al efecto nocebo como ejemplo de cómo las expectativas negativas pueden manifestarse físicamente.

6. **Coordinación mente-cuerpo:** La sincronización entre los diversos ritmos corporales (cardíaco, respiratorio, neuronal) y mentales crea un estado de coherencia que favorece la regeneración celular.

7. **Sistema de creencias:** Nuestras creencias operan como «software» que programa la expresión de nuestros genes y el funcionamiento de nuestras células.

En la práctica. Para ilustrar el poder de estos determinantes, Chopra comparte numerosos casos, tanto de su práctica clínica como de la literatura científica. Uno particularmente impactante es el de Anabela, una mujer de 78 años que tras participar en un programa de tres meses basado en estos principios, experimentó mejoras significativas en presión arterial, densidad ósea, función hormonal y agudeza sensorial. El geriatra que había estado tratándola durante años quedó asombrado por los cambios, que contradecían lo que consideraba el curso natural del envejecimiento.

¿Y la evidencia científica?

Las propuestas de Chopra sobre el envejecimiento generarían tanto entusiasmo como escepticismo en la comunidad científica. Sin embargo, en las décadas transcurridas desde la publicación de *Cuerpos sin edad, mentes sin tiempo*, diversas líneas de investigación han proporcionado evidencias que respaldan algunos aspectos fundamentales de la visión de Chopra:

1. **Epigenética:** este campo emergente ha demostrado que los factores ambientales (incluidos los estados psicológicos), pueden modificar la expresión de los genes sin alterar la secuencia del ADN. Investigadores como Bruce Lipton han documentado cómo el estrés, por ejemplo, puede silenciar genes beneficiosos y activar genes problemáticos, acelerando procesos asociados con el envejecimiento.

2. **Efecto placebo y nocebo:** numerosos estudios han confirmado que nuestras expectativas y creencias pueden influir profundamente en nuestros procesos fisiológicos, desde la producción de neurotransmisores hasta la actividad inmunológica.

3. **Telómeros y longevidad:** la investigación de Elizabeth Blackburn sobre los telómeros (extremos de los cromoso-

mas que se acortan con cada división celular) ha demostrado que los factores psicológicos, como el estrés crónico, aceleran su acortamiento, mientras que hay prácticas como la meditación que pueden ayudar a preservarlos.

4. **Psiconeuroinmunología:** este campo ha mapeado las vías específicas a través de las cuales los estados mentales y emocionales influyen en el sistema inmunitario y en otros procesos fisiológicos relacionados con el envejecimiento.

5. **Efectos de la meditación:** diversos estudios (de la Universidad de Harvard, UCLA y de otros centros de investigación) han documentado cómo las prácticas meditativas regulares pueden revertir parcialmente cambios cerebrales asociados con el envejecimiento.

Telómeros y meditación. En 2009, investigadores de la Universidad de California en San Francisco publicaron un estudio pionero que encontró que tan solo seis semanas de meditación intensiva aumentaban significativamente la actividad de la telomerasa, la enzima responsable de reparar los telómeros. Este hallazgo proporcionó un mecanismo biológico concreto que explica cómo las prácticas mente-cuerpo influyen en el envejecimiento celular.

Chopra ha acogido estos avances científicos como validaciones parciales de su visión, aunque reconoce que muchos de los mecanismos exactos a través de los cuales la conciencia influye en la biología siguen siendo objeto de investigación.

¿Qué son los telómeros?

Dicho muy brevemente, los telómeros son los extremos de los cromosomas, algo parecido a las puntas de plástico de los cordones de los zapatos. Su longitud está vinculada con el envejecimiento. Además son una parte del ADN muy repetitiva y no codificante; su función principal es proteger el material genético que aporta el resto del cromosoma.

A medida que nuestras células se dividen para multiplicarse y para regenerar los tejidos y órganos de nuestro cuerpo se va reduciendo la longitud de los telómeros, y por eso con el paso del tiempo se hacen más cortos.

Cuando finalmente los telómeros se quedan tan pequeños que ya no pueden proteger el ADN, las células dejan de reproducirse: alcanzan un estado de senectud o vejez. Ahora bien, ¿podemos lograr que se acorten muy, pero que muy, lentamente? ¡Claro que sí!

El programa práctico: Revertir el envejecimiento

Más allá de la teoría, *Cuerpos sin edad, mentes sin tiempo* ofrece un programa práctico para modificar el proceso de envejecimiento basado en los «Cuatro pilares de la salud perfecta»:

1. **Nutrición:** Chopra recomienda una dieta principalmente vegetariana, rica en antioxidantes y fitoquímicos, adaptada a cada constitución individual según los principios

ayurvédicos. Enfatiza la importancia de comer conscientemente, en un estado relajado y atento.

2. **Movimiento y ejercicio:** más allá del ejercicio convencional, Chopra promueve prácticas que integran mente y cuerpo, como el yoga, el tai chi y el qigong (chi kung). Estas disciplinas no solo fortalecen el cuerpo, sino que cultivan la conciencia corporal y la coordinación neuromotora.

3. **Gestión del estrés:** reconociendo el impacto devastador del estrés crónico en los procesos de envejecimiento, Chopra ofrece técnicas específicas para cultivar la respuesta de relajación, como la meditación primordial (una variante de la meditación trascendental), la respiración consciente y prácticas de atención plena.

4. **Renovación psico-espiritual:** con prácticas para transformar creencias limitantes sobre el envejecimiento, cultivar emociones positivas como el amor y la gratitud, y conectar con dimensiones trascendentes de la existencia.

Casos y resultados

A lo largo de su libro, y en obras posteriores, Chopra presenta numerosos casos documentados de personas que han experimentado reversiones significativas en su proceso de envejecimiento siguiendo su programa.

Un caso notable es el de Arthur, un ejecutivo de 67 años que había sido diagnosticado con enfermedad de Parkinson en etapa temprana. Además de los temblores característicos, Arthur mostraba signos de envejecimiento acelerado: pérdida de densidad ósea, reducción de masa muscular, disminución de niveles hormonales y deterioro cognitivo leve. Tras seis meses siguiendo el programa de Chopra, Arthur experimentó una reducción del 60% en sus síntomas de Parkinson, recuperación significativa de masa muscular, mejora en densidad ósea y reversión completa del deterioro cognitivo según pruebas neuropsicológicas estandarizadas.

Otro caso significativo es el de un grupo de 40 ejecutivos de alto nivel que participaron en un retiro de una semana dirigido por Chopra. Antes y después del retiro, se midieron diversos biomarcadores de envejecimiento: niveles hormonales, presión arterial, capacidad respiratoria, tiempo de reacción y función cognitiva. El 86% de los participantes mostró mejoras en al menos cinco parámetros, con algunos mostrando reversiones equivalentes a rejuvenecer biológicamente 5-12 años según los marcadores estándar.

Chopra es cuidadoso al señalar que estos resultados, aunque impresionantes, no implican que haya descubierto la «fuente de la juventud» o un método para detener completamente el envejecimiento físico. Más bien, sugiere que lo que consideramos el «envejecimiento normal» está muy por debajo del potencial humano de longevidad saludable, y que mediante unas prácticas apropiadas, podemos expandir significativamente tanto nuestra esperanza de vida como nuestra «esperanza de salud» (años vividos con plena vitalidad).

El lado filosófico: tiempo, identidad y mortalidad

Más allá de sus dimensiones prácticas y científicas, *Cuerpos sin edad, mentes sin tiempo* plantea profundas cuestiones filosóficas sobre la naturaleza del tiempo, la identidad personal y la mortalidad.

Neuroplasticidad: La ciencia que sustenta la mente sin tiempo

La neuroplasticidad —la capacidad del cerebro para reorganizarse formando nuevas conexiones neuronales a lo largo de la vida— constituye uno de los pilares científicos que respaldan la visión de Chopra sobre la «mente sin tiempo». Este descubrimiento revolucionario contradice el antiguo dogma neurocientífico que afirmaba «las neuronas que no se usan, se pierden» y «el cerebro adulto no puede generar nuevas neuronas».

El cambio de modelo. Hasta la década de 1990, la visión predominante en neurociencia sostenía que el cerebro humano se desarrollaba principalmente en la infancia, alcanzaba su máximo potencial en la juventud temprana y después iniciaba un inevitable declive. Se creía que las células cerebrales no podían regenerarse y que los patrones neuronales se volvían cada vez más rígidos con la edad.

Esta visión determinista comenzó a desmoronarse con los descubrimientos de científicos como Michael Merzenich, quien demostró que incluso cerebros adultos podían reorganizarse. El hallazgo en 1998 de que existían nuevas neuronas que seguían naciendo en el hipocampo adulto (neurogénesis) terminó de revolucionar nuestra comprensión. Hoy existen diversos estudios que demuestran la extraordinaria plasticidad del cerebro a cualquier edad.

Nuestra experiencia convencional del tiempo como una flecha lineal que avanza inexorablemente del pasado hacia el futuro es una construcción mental, no una realidad absoluta. Citando tanto a físicos como a místicos, sugiere que el «ahora eterno» es la única realidad fundamental, y que esta comprensión tiene implicaciones radicales para cómo experimentamos el envejecimiento.

«Cuando te liberas de la tiranía del tiempo cronológico», escribe, «accedes a un campo de infinitas posibilidades donde la renovación constante es el estado natural.»

Esta perspectiva recuerda a lo que los filósofos llaman «eternismo» o la «visión del bloque del tiempo», donde pasado, presente y futuro coexisten simultáneamente. Igualmente provocativa es su exploración de la identidad. Chopra cuestiona la noción convencional de un «yo» fijo y estable que envejece con el tiempo. En su lugar, sugiere que somos campos dinámicos de conciencia que se reconstituyen momento a momento.

Mortalidad. ¿Es la muerte el fin de la conciencia? Finalmente, el libro aborda la cuestión última de la mortalidad. Sin prometer inmortalidad física, Chopra sugiere que nuestra comprensión convencional de la muerte está limitada por una visión materialista de la conciencia. Si la conciencia no es un producto del cerebro sino un campo fundamental del que emerge la realidad física, entonces la muerte física no representa el fin de la conciencia.

Esta perspectiva no niega la realidad de la muerte corporal, pero la resitúa en un contexto más amplio: como una transformación dentro de un continuo de conciencia más que como un fin absoluto. Tal comprensión, sugiere Chopra, puede liberar el proceso de envejecimiento del temor que a menudo lo acompaña, permitiendo una vivencia más plena de cada etapa de la vida.

Tres décadas después

Han transcurrido unos treinta años desde la publicación de *Cuerpos sin edad, mentes sin tiempo*. Y Chopra ha continuado desarrollando y refinando su visión de la longevidad; en obras posteriores como *Reinventa tu cuerpo, resucita tu alma: Cómo crear un nuevo yo* (2009) y *Super Cerebro* (2012), ha integrado nuevos descubrimientos científicos, particularmente en neuroplasticidad, epigenética y el estudio de los telómeros.

Un área de particular interés ha sido la investigación sobre las «zonas azules», regiones del mundo con concentraciones inusualmente altas de centenarios saludables. Chopra ha observado que, más allá de factores como la dieta y el ejercicio, estas comunidades comparten características psicosociales y espirituales: un fuerte sentido de propósito vital, integración social, ritmos de vida alineados con los ciclos naturales y prácticas espirituales regulares.

En colaboración con el Centro de Investigación sobre Prevención de la Universidad de California en San Diego, Chopra ha dado a conocer estudios científicos más rigurosos sobre los efectos de su programa de rejuvenecimiento. Los resultados preliminares publicados en 2015 mostraron reducciones significativas en biomarcadores de inflamación y estrés oxidativo, así como mejoras en telomerasa, en participantes que siguieron un programa intensivo de seis días basado en sus principios.

Las zonas azules y los secretos de los centenarios

Las «zonas azules» son regiones del mundo donde las personas viven notablemente más tiempo y con mejor salud que el promedio global. Este concepto, desarrollado por Dan Buettner en colaboración con demógrafos y científicos de la longevidad (hay una serie de cuatro capítulos en Netflix), ha fascinado a Deepak Chopra, quien ha incorporado muchas de sus lecciones en su enfoque sobre el envejecimiento. Las cinco zonas azules documentadas son:

1. **Okinawa, Japón:** Hogar de la mayor concentración de centenarios del mundo.
2. **Cerdeña, Italia:** Sobre todo la provincia montañosa de Nuoro.
3. **Icaria, Grecia:** Una pequeña isla en el Mar Egeo.
4. **Nicoya, Costa Rica:** Una península en el Pacífico.
5. **Loma Linda, California:** Una comunidad de Adventistas (vegetarianos).

Chopra señala que lo más revelador de estas comunidades no es solo su longevidad, sino la calidad de vida que mantienen en edades avanzadas. Los centenarios de estas regiones generalmente permanecen activos, cognitivamente agudos y socialmente comprometidos hasta sus últimos días.

Aunque cada zona azul tiene sus particularidades culturales, Chopra destaca ocho factores comunes que respaldan su visión sobre el envejecimiento:

1. **Propósito vital:** Cada cultura tiene un concepto para el propósito de vida: «ikigai»* en Okinawa o «plan de vida» en Nicoya.

2. **Movimiento natural:** En lugar de hacer ejercicio programado, estas culturas integran actividad física moderada pero constante en su vida cotidiana.

3. **Manejo del estrés:** Todas incorporan prácticas diarias para manejar el estrés: los okinawenses honran a sus ancestros, los adventistas rezan, los sardos disfrutan de la hora feliz.

4. **La regla del 80%:** Comen hasta sentirse satisfechos al 80%, no completamente llenos.

5. **Dieta basada en plantas:** Las legumbres son el pilar alimenticio común.

6. **Consumo moderado de vino:** Excepto los adventistas, todas estas poblaciones consumen alcohol moderadamente.

7. **Pertenencia:** La mayoría pertenece a comunidades espirituales.

8. **La familia primero:** Las familias están cerca, tanto física como emocionalmente.

Para Chopra, estos hallazgos empíricos validan su enfoque integral sobre el envejecimiento. Como ha comentado: «Los centenarios de las zonas azules no están intentando vivir más tiempo, sino que están viviendo en armonía con principios que naturalmente conducen a la longevidad. No es coincidencia que estos principios reflejen precisamente lo que las tradiciones de sabiduría han enseñado durante milenios.»

*Ver el libro *Descubre tu Ikigai*, aquello por lo que vale la pena vivir, de Jaume Rosselló, publicado por esta misma editorial.

Lo esencial de...

Impacto cultural. El impacto de *Cuerpos sin edad, mentes sin tiempo* trasciende el ámbito de la salud personal y la longevidad. El libro contribuyó significativamente a un cambio más amplio de paradigma sobre el envejecimiento, desafiando estereotipos limitantes y ofreciendo una visión más empoderada de las posibilidades de la edad avanzada.

A nivel práctico, las ideas de Chopra han influido en el desarrollo de programas de bienestar holísticos en todo el mundo, desde centros de retiro hasta hospitales convencionales.

CAPÍTULO 7

Crear abundancia

El concepto de abundancia ocupa un lugar central en el 67 pensamiento de Deepak Chopra. A diferencia de muchos autores de autoayuda que tratan el tema principalmente desde una perspectiva financiera, Chopra desarrolla una visión holística de la abundancia que trasciende lo meramente material. En sus obras dedicadas a este tema, especialmente en *El camino de la abundancia** (*Creating Affluence*) y *Las siete leyes espirituales del éxito* (*The Seven Spiritual Laws of Success*), Chopra propone que la verdadera prosperidad emerge de la conexión con la fuente infinita que es el campo de la conciencia pura.

Una idea de abundancia

Para Chopra, la abundancia es un estado natural del universo. La naturaleza opera desde la abundancia, no desde

---

* Deepak Chopra ha escrito varios libros sobre la abundancia, que a su vez se han traducido al español de diferentes maneras en España o Latinoamérica.

la escasez: basta observar la profusión de estrellas en el cosmos, la infinidad de átomos en una partícula de materia, o la prodigalidad con que se dispersan las semillas en un bosque. Esta abundancia cósmica refleja la naturaleza infinita de la conciencia, la fuente de toda manifestación física.

Desde esta perspectiva, la experiencia de limitación o escasez no es un reflejo de la realidad última, sino una distorsión perceptiva causada por condicionamientos mentales y emocionales. Así, la pobreza, la carencia y la limitación son expresiones de un estado de conciencia desconectado de su fuente infinita.

«La abundancia es nuestro estado natural», afirma Chopra. «Es la experiencia de tener la suficiente energía, entusiasmo, dinero, felicidad, amor, tiempo, salud y bienestar para compartir ilimitadamente con los demás y realizar nuestros sueños más profundos».

Esta visión de la abundancia implica un cambio radical respecto a la mentalidad de escasez predominante en nuestra cultura, que se expresa en afirmaciones como «no hay suficiente para todos», «hay que competir por los recursos limitados» o «mi ganancia implica necesariamente la pérdida de otro». Chopra invita a trascender esta perspectiva limitante para acceder a una conciencia de abundancia.

Las cualidades de la conciencia próspera

En *El camino de la abundancia*, Chopra describe las cualidades que caracterizan a una conciencia próspera, organizándolas alfabéticamente para facilitar su memorización y práctica. El capítulo 2 contiene un interesante A-Z con los pasos hacia la abundancia, y al final de este capítulo presentamos la adaptación del «Reto de la abundancia» que

Chopra ha desarrollado en sus talleres. Pero volvamos a las cualidades. Estas son algunas de las más significativas:

● **Aceptación:** La capacidad de fluir con la realidad presente sin resistencia, lo que libera la energía que normalmente se consume en la lucha contra «lo que es».

● **Dar:** Paradójicamente, dar es una de las vías más directas para recibir. Cuando damos desde un espacio de plenitud (no desde la carencia), activamos el flujo de abundancia en nuestra vida.

● **Gratitud:** El reconocimiento consciente de las bendiciones presentes en nuestra vida expande nuestra capacidad para recibir más.

● **Intencionalidad:** La claridad en nuestras intenciones dirige la energía del universo hacia su manifestación. Chopra enfatiza que las intenciones más poderosas son aquellas que benefician al todo, no solo al individuo.

● **No-juicio:** La tendencia a juzgar constantemente la experiencia como «buena» o «mala» crea resistencia y bloquea el flujo natural de la abundancia.

● **Receptividad:** La apertura a recibir es tan importante como la generosidad al dar. Muchas personas bloquean su prosperidad por una incapacidad inconsciente para recibir.

● **Sincrodestino:** La capacidad de reconocer y aprovechar las coincidencias significativas, entendiendo que son mensajes del universo que nos guían hacia nuestra realización.

Estas y otras cualidades no son meras técnicas para «atraer» prosperidad, sino atributos de una conciencia alineada con su naturaleza infinita. Chopra sugiere que, a medida que cultivamos estas cualidades, nos sintonizamos naturalmente con el flujo universal de abundancia.

Las leyes espirituales de la abundancia

En *Las siete leyes espirituales del éxito*, Chopra desarrolla un marco más amplio para entender y manifestar la abundancia. Estas leyes no son reglas impuestas desde fuera, sino principios inherentes al funcionamiento del universo que, al ser comprendidos y aplicados conscientemente, facilitan la realización de nuestro potencial pleno. Por la manera de concebirlas y expresarlas, se pueden adivinar inspiraciones de la etapa con Maharishi Mahesh. Las siete leyes son:

1. **La ley de la potencialidad pura:** Nuestra esencia más profunda es conciencia pura, que contiene infinitas posibilidades. Accedemos a esta potencialidad a través del silencio, la meditación y el no-juicio.

2. **La ley del dar:** El universo opera a través de un intercambio dinámico. Para recibir abundancia, debemos dar abundancia. Esto incluye no solo bienes materiales, sino también aprecio, atención y amor.

3. **La ley del karma o causa-efecto:** Cada acción genera una fuerza energética que regresa a nosotros en forma similar. Nuestras elecciones conscientes determinan la calidad de nuestras experiencias futuras.

4. **La ley del menor esfuerzo:** La naturaleza funciona con economía de esfuerzo. Cuando nuestras acciones están motivadas por el amor, cuando aceptamos el momento presente y cuando no insistimos en que las cosas sean diferentes, accedemos a la inteligencia infinita del universo.

5. La ley de la intención y el deseo: La intención concentrada tiene un poder organizador infinito. Cuando nuestras intenciones están alineadas con el bien mayor, reciben apoyo de la inteligencia cósmica.

6. La ley del desapego: El desapego implica renunciar a la necesidad de controlar los resultados. Paradójicamente, cuando renunciamos a la necesidad de control y confiamos en la sabiduría de la incertidumbre, accedemos al campo de todas las posibilidades.

7. La ley del dharma o propósito en la vida: Cada ser tiene un talento único y un modo único de expresarlo. Cuando alineamos este talento con el servicio a los demás, experimentamos abundancia sin límites.

Estas leyes proporcionan un marco integral para vivir desde la abundancia. No son creencias a adoptar, sino principios a experimentar directamente a través de la práctica.

Prácticas para cultivar la abundancia

A lo largo de sus obras sobre abundancia, Chopra ofrece numerosas prácticas para cultivar una conciencia próspera. Estas son algunas de las más significativas:

● **Meditación diaria:** La práctica regular de la meditación permite acceder al campo de potencialidad pura, la fuente de toda abundancia.

● **Ritmo consciente de dar y recibir:** Establecer la intención de dar algo valioso (un cumplido, un regalo, un servicio) a cada persona con la que interactuamos, y estar abierto a recibir con gratitud.

● **Gratitud por lo que ya tenemos:** Mantener un diario de gratitud donde registramos diariamente las bendiciones presentes en nuestra vida, por pequeñas que parezcan.

● **Clarificación de intenciones:** Escribir nuestras intenciones y revisarlas regularmente, visualizando su realización pero manteniéndonos desapegados del resultado específico.

● **Desapego:** Practicar regularmente soltar el control, confiando en la sabiduría superior del universo y estando abiertos a que lo que llegue puede ser mejor que lo que habíamos imaginado.

● **Descubrimiento del propósito:** Reflexionar sobre preguntas como «¿Qué haría si tuviera todo el dinero y el tiempo del mundo?" o «¿Qué me hacía feliz cuando era niño?" para identificar nuestros dones únicos.

● **Servicio a los demás:** Buscar formas de usar nuestros talentos para servir a los demás, trascendiendo así el enfoque limitado en el beneficio personal.

Estas prácticas no son técnicas para «manifestar»* objetos o circunstancias deseadas, sino medios para transformar la conciencia misma, alineándola con su naturaleza infinita.

---

* Sobre este tema existe una amplia explicación en *Verdades y mentiras de la Ley de la Atracción*, de J. Rosselló. Ed. Arpa.

Abundancia más allá de lo material

Un aspecto que distingue el enfoque de Chopra sobre la abundancia es su amplitud. Mientras que casi todos los autores se centran casi exclusivamente en la prosperidad financiera, Chopra habla de la abundancia en todos los ámbitos de la vida: relaciones, creatividad, bienestar físico, paz mental, tiempo y espacio, conexión espiritual.

«La verdadera abundancia no se mide por lo que tienes», escribe Chopra, «sino por la riqueza de tu experiencia de la vida». Esta riqueza experiencial emerge naturalmente cuando vivimos desde la conciencia de nuestra conexión con el todo, trascendiendo la ilusión de separación que genera miedo y competencia.

Esta perspectiva no niega la importancia del bienestar material. De hecho, Chopra afirma que la abundancia material es una expresión natural de la alineación con el flujo universal. Sin embargo, no es el objetivo en sí mismo, sino un efecto secundario de una vida vivida en armonía con las leyes naturales.

Chopra también distingue claramente entre abundancia y exceso. La abundancia implica tener suficiente para satisfacer nuestras necesidades y realizar nuestros propósitos más elevados, mientras que el exceso —acumular más de lo que podemos usar o disfrutar— refleja un estado de inseguridad más que de prosperidad verdadera.

Críticas

La visión de Chopra sobre la abundancia no ha estado exenta de críticas. Algunos detractores la consideran una versión espiritualizada del «pensamiento positivo» que ignora las realidades socioeconómicas estructurales. Otros señalan que su enfoque podría interpretarse como culpabilizador de quienes experimentan pobreza o dificultades económicas, al sugerir que estas condiciones reflejan un estado de conciencia.

Chopra ha respondido a estas críticas señalando que su enseñanza no niega la existencia de injusticias sistémicas, pero ofrece herramientas para que las personas puedan trascender las limitaciones impuestas por estas estructuras. También ha aclarado que su enfoque no culpabiliza a las víctimas de circunstancias adversas, sino que empodera reconociendo el potencial transformador inherente a cada ser humano.

El mensaje esencial: abundancia como estado natural

Más allá de las técnicas específicas y las explicaciones teóricas, el mensaje esencial de Chopra sobre la abundancia podría resumirse así: la abundancia no es algo a conseguir, sino nuestra naturaleza a recordar. El universo es abundante por naturaleza, y nuestra experiencia de limitación surge principalmente de condicionamientos mentales y emocionales que pueden ser trascendidos.

En última instancia, la visión de Chopra sobre la abundancia nos invita a expandir nuestra identidad más allá del ego limitado para reconocer nuestra conexión con el campo infinito de posibilidades que es la conciencia misma. Esta expansión de identidad transforma naturalmente nuestra relación con todos los aspectos de la vida, incluida la prosperidad material, permitiéndonos experimentar la riqueza ilimitada que está siempre presente cuando nos abrimos a ella.

CAPÍTULO 8

Las siete leyes espirituales del éxito

«Confía en lo que sientes, más que en lo que piensas.»
Deepak Chopra

Las Siete Leyes Espirituales del Éxito es uno de los trabajos más influyentes y reconocidos de Deepak Chopra. En esta obra presenta un sistema de principios fundamentales que gobiernan la creación y manifestación en el universo. Lejos de ser solo un manual para la prosperidad material, estas leyes ofrecen un camino hacia una vida plena y equilibrada, donde el éxito se mide por la expansión de la felicidad y la realización de los potenciales más elevados del ser humano.

Chopra sostiene que estas leyes funcionan como principios inmutables que existen más allá de las construcciones humanas, operando de manera similar a las leyes de la física pero en el plano de la conciencia y la experiencia humana. Cuando alineamos nuestras acciones con estas leyes, experimentamos menos resistencia en la vida y más sincronicidad, abundancia y realización.

El verdadero poder de estas enseñanzas radica en su aplicación práctica. Cada ley viene acompañada de ejercicios específicos diseñados para integrarla en la vida cotidiana. Vamos a ver cada una de estas siete leyes, su significado esencial y cómo podemos aplicarlas para transformar nuestra experiencia de vida.

La Ley de la potencialidad pura

La primera ley espiritual del éxito nos recuerda nuestra naturaleza esencial: somos, en nuestro estado fundamental, conciencia pura. Esta conciencia es potencialidad pura, el campo de todas las posibilidades e infinita creatividad.

● Nuestra esencia verdadera trasciende las limitaciones del ego y está conectada con el campo unificado de la conciencia.

● Este campo contiene todas las posibilidades y potenciales.

● Para acceder a este campo, debemos vaciarnos del ego y del condicionamiento cultural que limita nuestra expresión auténtica.

● La clave está en reconocer que, para crear la realidad que deseamos, debemos liberarnos de la «cárcel mental» construida por expectativas externas, ya sean familiares, sociales o culturales.

Aplicación práctica

1. **El silencio.** Compromiso diario con periodos de meditación y quietud interior para detectar y callar el desorden mental acumulado.

2. **Comunión con la naturaleza.** Tiempo regular en entornos naturales para reconectar con la inteligencia universal

y experimentar la perfecta sincronicidad y creatividad del universo.

3. **Práctica del no-juicio.** Observar sin evaluar constantemente, liberándonos de la carga de las etiquetas y categorías, repitiendo diariamente «hoy no juzgaré, si otra persona piensa diferente es por la vida que ha experimentado muy diferente a la mía».

> *La esencia de todo ser es la conciencia pura.*
> *La conciencia pura es potencialidad pura; es el campo de*
> *todas las posibilidades y de la creatividad infinita.*

La Ley del dar

La segunda ley nos enseña que el universo opera a través de un intercambio dinámico. La vida es flujo, y para mantener la abundancia en nuestras vidas, debemos participar conscientemente en este dar y recibir.

● Todo en el universo opera mediante un intercambio dinámico, nada es estático.
● Dar activa el ciclo de abundancia en nuestra vida.
● Lo que damos regresa a nosotros multiplicado.
● La palabra «afluencia» (del inglés «affluence») significa no solo abundancia sino también flujo, reminiscente del flujo natural de energía en el universo.

Aplicación práctica

1. **Dar un regalo diariamente.** Puede ser tan simple como una flor, un cumplido, o una bendición silenciosa.

2. **Recibir con gratitud.** Aceptar con apertura los regalos de la vida, desde un cumplido hasta la belleza de un amanecer.

3. **Circulación de los dones.** Mantener en movimiento el flujo de abundancia, evitando el estancamiento o la acumulación excesiva.

4. **Dar sin pérdida.** Asegurarse de que al dar no sintamos que perdemos algo, pues esto cortaría el flujo de energía.

La Ley del karma o causa y efecto

La tercera ley revela que cada acción genera una fuerza de energía que regresa a nosotros en forma similar. Nuestras elecciones conscientes determinan el karma que creamos.

● Cada acción genera una fuerza de energía que regresa a nosotros en igual medida.

● Las elecciones conscientes crean karma favorable.

● La deuda kármica se salda con conciencia y responsabilidad.

● El karma es «la afirmación eterna del libre albedrío», dándonos la posibilidad de elegir conscientemente nuestro destino.

Aplicación práctica

1. **Testigo de elecciones:** Observar atentamente cada elección antes de tomarla, reconociendo que muchas de nuestras respuestas son automáticas y predecibles.

2. **Consideración de consecuencias:** Reflexionar sobre el impacto de cada elección en uno mismo y en los demás.

3. **Preguntas transformadoras:** Ante cada decisión, preguntar «¿Qué consecuencias traerá esta elección?» y «¿Aportará felicidad y satisfacción a mí y a aquellos afectados?».

4. **Escucha al cuerpo:** El universo ha dotado al cuerpo de un mecanismo de guía a través de sensaciones. Ante una de-

cisión, las sensaciones de bienestar indican un camino favorable, mientras que el malestar es una señal de precaución.

Transformando el karma pasado. Cuando enfrentamos consecuencias de acciones pasadas, Chopra sugiere dos preguntas clave:
- «¿Qué puedo aprender de esta experiencia?»
- «¿Cómo puedo hacer para que esta experiencia ayude a los demás?»

La Ley del menor esfuerzo

La cuarta ley nos enseña que la inteligencia natural actúa con facilidad y sin resistencia. Cuando nuestras acciones están motivadas por el amor, la energía se gasta mínimamente, pero el efecto es máximo.

- La naturaleza funciona con economía de esfuerzo y sin resistencia.
- La inteligencia universal opera con facilidad, despreocupación, armonía y amor.
- Lo que normalmente percibimos como «milagros» o «suerte» son en realidad manifestaciones de esta ley.
- El esfuerzo excesivo surge al intentar controlar a los demás o cuando buscamos poder para satisfacer al ego.

La Ley de la intención y el deseo

La quinta ley revela que la intención y el deseo contienen el poder de manifestación. La atención dirigida energiza, y la intención transforma.

- En el campo de la potencialidad pura, la intención organiza su propia realización.
- La atención energiza y la intención transforma.

El éxito desde la perspectiva de la conciencia

Deepak Chopra redefine radicalmente el concepto de éxito. Para él, el verdadero éxito no se mide por acumulaciones materiales o logros externos, sino por la expansión de la felicidad y la progresiva realización de metas valiosas. El éxito auténtico significa:

- El bienestar material, pero trascendiéndolo.
- Relaciones nutritivas y amorosas.
- La capacidad de contribuir al bienestar de todos los seres.
- La conexión con el campo infinito de potencialidad.
- La realización del propósito de vida.

Cuando el éxito surge desde la conciencia expandida, se convierte en un proceso natural y sin esfuerzo. No es algo que uno «persigue», sino algo que se manifiesta como resultado de vivir en alineación con las leyes naturales del universo.

● Nuestro sistema nervioso es único en la naturaleza, permitiéndonos cambiar conscientemente el contenido de energía e información tanto de nuestro cuerpo como del universo.

● A nivel cuántico no existen fronteras; somos como una gota de agua con consciencia dentro del océano infinito.

Aplicación práctica

1. **Lista de deseos:** Hacer una lista de deseos y revisarla regularmente, concentrando la atención en ellos.
2. **Confianza en el desapego:** Liberar el apego al resultado, confiando en la sabiduría del universo.
3. **Presente consciente:** Mantener la atención en el momento presente mientras se sostiene la intención del resultado deseado.
4. **Servicio a la humanidad:** Asegurarse de que nuestras intenciones beneficien a la humanidad, no solo a nuestro ego individual.

La Ley del desapego

La sexta ley nos enseña que el desapego es sabiduría. Se basa en la certeza de que nuestra verdadera naturaleza está más allá de ego, objetos y experiencias.

● El apego se basa en el miedo y la inseguridad.

● El desapego se basa en la confianza incuestionable en el poder del verdadero Yo.

● La sabiduría reside en la incertidumbre, que nos libera del pasado y del condicionamiento conocido. Tanto la seguridad como la incertidumbre son dos valiosos aliados.

● Para adquirir cualquier cosa en el universo físico, debemos dirigirnos a nuestra meta con determinación, pero sin apego al resultado.

Aplicación práctica

1. **Incertidumbre como libertad:** Abrazar la incertidumbre como un ingrediente esencial para trascender los patrones conocidos, permitiéndonos entrar en el campo de todas las posibilidades.

2. **Sabiduría de la inseguridad:** Encontrar seguridad en lo desconocido; la sensación de inseguridad puede ser una señal de que estamos en el camino correcto.

3. **Confianza en el proceso:** Saber hacia dónde nos dirigimos, pero confiar en que el «cómo» llegamos allí le corresponde al universo. Las casualidades y sincronicidades serán nuestra guía.

La Ley del dharma o propósito vital

La séptima ley nos revela que cada ser tiene un propósito único. Cuando alineamos nuestro propósito único con el servicio a la humanidad, experimentamos alegría ilimitada.

● Cada ser tiene un talento único y una manera única de expresarlo.

● El propósito del alma es expresar este talento único.

● El servicio a la humanidad es la expresión natural de la iluminación y el camino hacia la abundancia sin límites.

Aplicación práctica

Para utilizar esta ley, Chopra sugiere varios compromisos fundamentales, entre ellos, el servicio a la humanidad, con el compromiso de preguntarnos «¿Cómo puedo ayudar?» y «¿Cómo puedo servir?» a aquellos que buscan bienestar, felicidad y realización, combinando nuestros talentos únicos con las necesidades del mundo.

Integración de las siete leyes

Chopra enfatiza que estas leyes no funcionan aisladamente, sino como un sistema integrado que refleja la totalidad del universo. Cada ley complementa y refuerza a las demás, creando un enfoque holístico del éxito y la realización.

CAPÍTULO 9

El sendero del mago

En una tarde de otoño en Boston, mientras las hojas doradas caían suavemente sobre el campus de Harvard Medical School, un joven médico indio reflexionaba sobre el contraste entre la medicina occidental que practicaba y la sabiduría ancestral con la que había crecido. Ese médico era Deepak Chopra, quien años más tarde articularía estas reflexiones en uno de sus conceptos más evocadores y transformadores: *El sendero del mago.*

El despertar del mago interior

Imagina por un momento que dentro de ti habita un ser de posibilidades ilimitadas, un ser que comprende las leyes más sutiles del universo y sabe que la realidad es un lienzo fluido que responde a los trazos de tu conciencia. Este ser no es una fantasía, sino tu verdadera naturaleza cuando operas desde los niveles más profundos de tu ser. Este es el verdadero secreto de la magia vital. Deepak Chopra lo llama «el mago interior».

«Todos somos magos dormidos», escribió Chopra. La inspiración para *El sendero del mago* surgió durante un retiro de meditación en las montañas de California, donde experimentó lo que describe como «una disolución de los límites ordinarios de la percepción». Durante esos días de silencio, comenzó a vislumbrar una forma de entender la espiritualidad que trascendía doctrinas específicas y hablaba directamente a la experiencia humana universal.

El mago, en la visión de Chopra, no es un ser de túnica estrellada que ejecuta trucos imposibles, sino una metáfora de nuestro potencial más elevado. Es ese aspecto de nosotros que intuye la interconexión de todas las cosas y puede moverse con gracia a través de la vida, manifestando experiencias que parecen milagrosas para la mente ordinaria.

Las siete verdades del mago: un camino de transformación

El sendero del mago no es una ruta lineal con un mapa predefinido, sino un despertar progresivo a verdades fundamentales que transforman nuestra relación con la realidad. Chopra identifica siete de estas verdades, cada una abriendo puertas a nuevas dimensiones de experiencia y posibilidad.

La percepción de la unidad: el velo que se desvanece

La primera verdad del mago revela la interconexión fundamental de toda existencia. El mago percibe el mundo no como objetos separados que interactúan mecánicamente, sino como un tejido unitario de conciencia que se expresa en infinitas formas.

«Estaba caminando solo entre los pinos cuando súbitamente la distinción entre "yo" y "árbol" se disolvió», relata Chopra sobre una experiencia transformadora. «No era que yo me hubiera convertido en árbol o que el árbol se hubiera convertido en mí, sino que ambos éramos expresiones diferentes de una misma conciencia.»

Esta comprensión de la unidad no es meramente filosófica; transforma radicalmente nuestra forma de vivir. Cuando percibimos la interconexión fundamental, nuestras acciones naturalmente se alinean con el bienestar del todo.

El espíritu trasciende el tiempo: más allá del reloj

«El tiempo es la prisión más invisible y, por tanto, la más poderosa», suele decir Chopra en sus conferencias. La segunda verdad del mago revela que, si bien nuestros cuerpos existen en el tiempo cronológico, nuestra conciencia esencial trasciende estas limitaciones.

Esta comprensión del tiempo transforma fundamentalmente cómo vivimos. La obsesión por el pasado —con sus remordimientos y nostalgias— y la ansiedad por el futuro —con sus miedos y expectativas— se revelan como distracciones de la única realidad verdadera: el momento presente.

El conocimiento de uno mismo: el viaje interior

La tercera verdad afirma que el autoconocimiento es la fuente de todo poder genuino. No el conocimiento superficial de nuestras preferencias, sino la comprensión profunda de quiénes somos más allá del condicionamiento social y cultural.

«Me di cuenta de que conocía los nombres latinos de cada estructura del cuerpo humano, pero era un extraño para mí mismo», confiesa Chopra sobre su propia crisis existencial que lo llevó hacia el autoconocimiento. «Podía prescribir medicamentos para casi cualquier dolencia, pero no sabía cómo curar mi propio vacío interior».

«El verdadero autoconocimiento no es acumulativo», explica. «No se trata de recopilar más información sobre uno mismo, sino de desmantelar las capas de identidad falsa que hemos construido a lo largo de los años».

La ley de la causalidad invertida: el futuro que atrae el presente

La cuarta verdad revela que la causalidad no solo fluye del pasado hacia el futuro, sino también del futuro hacia el presente. Nuestras visiones, intenciones y expectativas ejercen una influencia tangible en lo que experimentamos ahora.

«Tanto la física cuántica moderna como la sabiduría perenne sugieren algo interesante: el futuro que imaginamos ejerce una especie de "atracción" sobre nuestro presente, y organiza eventos aparentemente aleatorios», explica Chopra.

Este fenómeno viene a decir que nuestras intenciones claras crean una especie de «campo de atracción» que influye en la probabilidad de ciertos eventos en el presente. No se trata de controlar mágicamente la realidad, sino de participar conscientemente en su desarrollo.

El poder generativo del lenguaje: palabras que crean mundos

La quinta verdad revela que el lenguaje no es meramente descriptivo sino generativo. Las palabras no solo reflejan la realidad; participan activamente en su creación.

El lenguaje moldea no solo cómo comunicamos, sino cómo percibimos y experimentamos el mundo. Las etiquetas que aplicamos se convierten en filtros que determinan qué vemos y qué permanece invisible.

«Un diagnóstico médico es un acto lingüístico con profundo poder generativo», observa Chopra. «Cuando a alguien se le dice "tienes esta enfermedad", ese acto lingüístico desencadena no solo un protocolo de tratamiento, sino un conjunto completo de expectativas y respuestas fisiológicas que pueden influir en el curso de la enfermedad». Hoy así lo confirman diversos estudios y estadísticas.

La naturaleza ilusoria de la materialidad: más allá de lo sólido

La sexta verdad revela que el mundo material, aparentemente tan sólido, es en realidad una condensación de energía e información en constante transformación.

«Lo que percibimos como materia sólida es mayormente espacio vacío organizado por campos de información», explica Chopra.

Esta comprensión tiene profundas implicaciones: si el mundo «sólido» es un flujo dinámico de energía, nuestra participación consciente en ese flujo puede influir en cómo se manifiesta.

El despertar a través del asombro: el portal de la transformación

La séptima verdad reconoce que el asombro —esa capacidad de maravillarse ante el misterio de la existencia— no es un estado emocional pasajero, sino la puerta a percepciones más profundas de la realidad.

«El asombro es la actitud natural del mago ante la existencia», observa Chopra. «No es ingenuidad, sino una sabiduría que reconoce que la realidad siempre trasciende nuestros marcos conceptuales».

El asombro nos libera de las limitaciones de lo conocido y nos abre a posibilidades que nuestra mente ordinaria no puede concebir.

LOS CUATRO PILARES DE LA PRÁCTICA MÁGICA

Las siete verdades no son meramente conceptos para comprender intelectualmente, sino realidades para experimentar vívidamente. Chopra identifica cuatro disciplinas fundamentales que transforman estas verdades en experiencia vivida.

● **La atención consciente: el poder del enfoque.** «La atención es el vehículo a través del cual la conciencia se manifiesta en forma», explica Chopra. «Donde va tu atención, fluye tu energía. Y donde fluye tu energía, florece la realidad".

La capacidad de dirigir y sostener la atención con precisión es el primer pilar de la práctica mágica. Esta cualidad de atención no dividida es una marca distintiva del mago en cualquier campo.

● **La intención alineada: la brújula interna.** El segundo pilar se refiere a un propósito que surge de los niveles más profundos del ser, libre de contradicciones y conectado con fines que trascienden el interés meramente personal.

«La intención difiere radicalmente del deseo común», aclara Chopra. «El deseo ordinario surge de una sensación de carencia —quiero algo porque siento que me falta. La intención alineada surge de una sensación de plenitud y conexión con un propósito mayor».

● **La imaginación trascendente: más allá de lo conocido.** El tercer pilar se refiere a la capacidad de concebir posibilidades que trascienden los límites de nuestra experiencia pasada y las creencias condicionadas.

«La imaginación, en su sentido más profundo, no es fantasía o escape», enfatiza Chopra. «Es un órgano de percepción que nos permite vislumbrar realidades potenciales antes de que se manifiesten».

Esta imaginación va más allá de la mera recombinación de elementos conocidos. Es una apertura a lo genuinamente nuevo, a posibilidades que no pueden derivarse linealmente de la experiencia pasada.

● **La rendición inteligente: el arte paradójico.** El cuarto pilar representa el aspecto más sutil del sendero del mago. Se refiere a la capacidad paradójica de mantener una intención clara mientras simultáneamente se suelta el apego rígido a cómo y cuándo esa intención debe manifestarse.

«Esta no es una rendición pasiva o resignada», aclara Chopra. «Es una alineación activa con la inteligencia del universo más amplio, reconociendo que nuestra perspectiva individual es inherentemente limitada».

El viaje del mago: etapas de transformación

El viaje desde la inocencia hasta la conciencia del mago no es lineal, sino espiral. Revisitamos cada etapa desde niveles más elevados de comprensión, integrando sus dones mientras trascendemos sus limitaciones.

● La etapa del **inocente** se caracteriza por una confianza básica en la bondad del mundo, pero también por una dependencia de autoridades externas.

● El **explorador**, impulsado por una curiosidad recién despertada, comienza a cuestionar las autoridades establecidas y a investigar posibilidades alternativas.

● La etapa del **guerrero** está marcada por la disciplina, el enfoque y la capacidad de superar obstáculos. El guerrero cultiva fortaleza y determinación.

● La etapa del **vidente** se caracteriza por una percepción expandida, una intuición desarrollada y la capacidad de reconocer patrones más amplios.

● El **alquimista** se caracteriza por la capacidad de trabajar directamente con las energías y transformar limitaciones en potencialidades.

● La etapa del **sabio** se distingue por la compasión, la ecuanimidad y una comprensión profunda de la naturaleza de la realidad.

● La etapa final, la del **mago**, representa una realización completa, donde uno vive desde la unidad con el Todo, participando conscientemente en la creación continua de la realidad.

SINCRONICIDAD: EL LENGUAJE DEL MAGO

Uno de los fenómenos más característicos que experimentan quienes avanzan por el sendero del mago es la creciente frecuencia de sincronicidades: coincidencias significativas que no pueden explicarse por la causalidad ordinaria.

«La sincronicidad es el lenguaje a través del cual el universo nos habla», explica Chopra. «No son acontecimientos aleatorios, sino señales de un campo unificado de inteligencia que responde a nuestra conciencia más profunda».

Estas coincidencias significativas se convierten en señales y guías en el camino. No son intervenciones sobrenaturales, sino manifestaciones de un nivel más profundo de interconexión.

El mago en la vida cotidiana: transformando lo ordinario

A pesar de su nombre evocador, el sendero del mago no es una vía de escape de la vida ordinaria, sino una forma de vivirla con una profundidad y plenitud extraordinarias.

«El mago ve milagros donde otros ven coincidencias, encuentra significado donde otros perciben caos, y reconoce posibilidades infinitas donde otros ven solo limitaciones» explica Chopra.

Esta transformación de lo ordinario en extraordinario no requiere circunstancias especiales, sino un cambio en la calidad de nuestra atención y presencia.

«El mago no es alguien que realiza trucos», enfatiza Chopra, «sino alguien que ha despertado a la naturaleza mágica de la realidad misma».

Al final, el sendero del mago es un viaje de regreso a casa, a nuestra verdadera naturaleza como seres conscientes participando en el despliegue creativo del universo. «El mago no es alguien que puedes convertirte, sino alguien que puedes descubrir que ya eres, cuando las capas de condicionamiento, miedo y separación se disuelven en la luz de la conciencia plena».

La sincronicidad en acción. La sincronicidad —coincidencias significativas que no pueden explicarse por la causalidad ordinaria— es una de las experiencias más características en el sendero del mago. No son eventos sobrenaturales, sino indicaciones de un nivel más profundo de interconexión.

Deepak Chopra comparte un relato personal: «Durante la escritura de mi libro sobre el tema, estaba reflexionando sobre el concepto de sincronicidad mientras caminaba por Central Park. De repente, un libro abandonado en un banco captó mi atención. Al recogerlo, descubrí que era una biografía de Carl Jung, que precisamente acuñó el término "sincronicidad". Al abrirlo, la primera frase que leí fue la definición exacta de Jung del concepto, precisamente lo que necesitaba para clarificar un punto en mi manuscrito.» Las sincronicidades tienden a aumentar cuando...

● Cultivamos un estado de atención relajada y alerta.

● Seguimos genuinamente nuestro propósito (dharma).

● Formulamos intenciones claras mientras mantenemos un desapego flexible.

● Practicamos la gratitud y el reconocimiento de lo milagroso en lo cotidiano.

CAPÍTULO 10

El camino
hacia el amor

En *El camino hacia el amor*, Deepak Chopra observa la
dimensión espiritual del amor romántico, presentándolo
como una vía de transformación personal y evolución de
la conciencia. Para Chopra, el amor no es simplemente
una emoción o un estado psicológico, sino una expresión
del campo unificado de la conciencia universal y un camino hacia la trascendencia.

El espíritu del idilio: el secreto
de la atracción y la ternura

Chopra define el «espíritu del idilio» como la cualidad
mágica que caracteriza el inicio de una relación romántica. Este estado no es meramente una reacción bioquímica
temporal, sino una abertura del espíritu que nos permite
experimentar el amor en su forma más pura.

«El idilio es un estado de conciencia, no solo una
fase pasajera en la relación de pareja», afirma Chopra.
«Es un estado donde podemos experimentar la natura-

leza esencial del otro, más allá de su personalidad superficial».

Para Chopra, la atracción romántica posee una inteligencia inherente que trasciende lo puramente físico. Cuando nos sentimos atraídos por alguien, según su perspectiva, no es solo el cuerpo físico lo que nos atrae, sino un reconocimiento a nivel del alma. «La atracción es el despertar del espíritu que reconoce al espíritu en el otro», escribe.

En este estado, experimentamos la ternura como una cualidad natural de nuestro ser. La ternura, según Chopra, representa la capacidad de ser vulnerable y abierto, permitiendo que nos vean tal como somos y viendo al otro sin los filtros del juicio o las expectativas.

La intimidad y el deseo inocente

Dentro del espíritu del idilio, Chopra destaca la importancia de lo que denomina «el deseo inocente». A diferencia del deseo impulsado por carencias emocionales o necesidades egoístas, el deseo inocente surge de la plenitud interior y busca compartir esta plenitud con el otro.

«Cuando el deseo es inocente, no hay ansiedad por poseer o controlar», explica Chopra. «Es simplemente el impulso natural del amor por expresarse».

La intimidad verdadera, según Chopra, solo puede florecer en el contexto de este deseo inocente. No se trata únicamente de proximidad física, sino de un encuentro entre dos seres en múltiples niveles: físico, emocional, mental y espiritual. En la intimidad auténtica, las barreras entre el yo y el otro se disuelven temporalmente, permitiendo una experiencia de unidad que refleja, a pequeña escala, la unidad cósmica de la que hablan las tradiciones espirituales.

«En los momentos de verdadera intimidad», escribe Chopra, «experimentamos un atisbo de la naturaleza no-dual de la realidad. Ya no somos dos seres separados, sino expresiones distintas de la misma conciencia».

El apego: del amor dependiente al amor liberador

Chopra aborda con especial profundidad la diferencia entre el amor genuino y el apego emocional. Según su visión, gran parte de lo que llamamos «amor» en nuestra cultura es en realidad una forma de apego basado en el miedo y la necesidad.

«El apego no es amor», afirma categóricamente. «El apego busca completarse a través del otro, mientras que el amor verdadero surge de la plenitud interior». Chopra identifica varios patrones de apego que pueden distorsionar nuestras relaciones:

- **Apego basado en la carencia:** Cuando buscamos en el otro lo que sentimos que nos falta en nosotros mismos.
- **Apego basado en el miedo:** Cuando nos aferramos al otro por temor a la soledad o el abandono.
- **Apego basado en la identificación:** Cuando definimos nuestra identidad a través de la relación.

Así, el camino hacia el amor implica la transformación gradual de estos patrones de apego en un amor más maduro y liberador. No ocurre negando o reprimiendo nuestras necesidades emocionales, sino reconociéndolas con compasión y trascendiéndolas a través de la expansión de la conciencia. Y explica cómo lograrlo.

La pasión: del deseo al éxtasis espiritual

El tercer gran tema que Chopra explora en *El camino hacia el amor* es la naturaleza de la pasión y su potencial transformador. Para Chopra, la pasión sexual no es simplemente un impulso biológico o una experiencia hedonista, sino una fuerza que, cuando se entiende y canaliza adecuadamente, puede conducirnos a estados elevados de conciencia.

Chopra integra conceptos del tantra y otras tradiciones espirituales orientales para ofrecer una visión de la sexualidad como camino espiritual. Según esta perspectiva, la energía sexual (conocida como kundalini en la tradición yóguica) es la misma energía creativa que sustenta todo el universo.

«En su nivel más profundo, la pasión sexual es una manifestación del impulso cósmico hacia la unidad. Es la fuerza que impulsa a toda la creación hacia la reunificación con su fuente», concluye Chopra.

Desde esta perspectiva, Chopra describe tres niveles de expresión sexual:

1. **Sexualidad instintiva:** Centrada principalmente en la satisfacción física y la reproducción. Opera principalmente desde el condicionamiento biológico y social.

2. **Sexualidad consciente:** Donde comenzamos a integrar dimensiones emocionales y mentales más profundas en la experiencia sexual. Hay mayor presencia, comunicación y conexión con el otro.

3. **Sexualidad trascendente:** Donde la experiencia sexual se convierte en una puerta hacia estados expandidos de conciencia. La unión física se convierte en una metáfora y un vehículo para la unión espiritual.

CAPÍTULO 11

Conocer a Dios

*«Dios no es un ser, sino ser en sí mismo.
No una persona, sino la posibilidad misma
de toda personalidad. No una entidad,
sino la fuente de toda existencia.»*
DEEPAK CHOPRA

Gran silencio, gran pregunta

En la quietud de la madrugada, cuando el mundo aún duerme y la mente descansa del bullicio cotidiano, emerge una pregunta tan antigua como la humanidad misma: ¿Qué es Dios? Para Deepak Chopra, esta pregunta no pertenece exclusivamente al ámbito de la religión o la teología, sino que constituye una indagación fundamental sobre la naturaleza misma de la realidad y nuestra relación con ella.

Chopra ofrece una visión singular de lo divino que trasciende las fronteras tradicionales entre espiritualidad y ciencia, entre la sabiduría ancestral de Oriente y los descubrimientos más recientes de la física cuántica. En este enfoque,

Dios no es una entidad externa que observa y juzga desde las alturas, sino la matriz infinita de toda existencia, la conciencia universal de la que todos participamos y que es accesible a través de nuestra propia experiencia consciente.

«Conocer a Dios», en la perspectiva de Chopra, no es un acto de fe ciega ni una adhesión a dogmas establecidos, sino una exploración experiencial de la conciencia que revela nuestra naturaleza esencial y nuestra conexión con el todo. Es un viaje que comienza con la pregunta «¿quién soy yo?» y que, profundizando en los niveles más sutiles de nuestra existencia, nos conduce al reconocimiento de nuestra identidad con el campo universal de conciencia que tradicionalmente llamamos Dios.

La naturaleza de lo divino

«Definir a Dios es limitarlo. La verdadera naturaleza de lo divino trasciende todos los conceptos, nombres y formas.»
ADVAITA VEDANTA

Para Chopra, la comprensión convencional de Dios como un ser supremo separado de su creación representa una fase inicial y limitada de la conciencia espiritual. A medida que evolucionamos, nuestra concepción de lo divino se expande y refina.

«La imagen antropomórfica de Dios como un anciano barbudo en las nubes es una metáfora infantil que eventualmente debe ceder paso a una comprensión más profunda», explica Chopra. «Lo divino no es un ser entre otros seres, sino el sustrato mismo de toda existencia, la conciencia que se manifiesta como el cosmos entero, incluidos nosotros mismos».

Esta visión encuentra resonancia tanto en las tradiciones místicas de Oriente y Occidente como en las implicaciones filosóficas de la física moderna. El físico Albert Einstein expresó una intuición similar cuando afirmó: «Quiero conocer los pensamientos de Dios, lo demás son detalles». Para Einstein, como para Chopra, Dios representa el orden subyacente del universo, la inteligencia inherente que se manifiesta como las leyes mismas de la naturaleza.

En la tradición vedántica que ha influido profundamente en el pensamiento de Chopra, esta comprensión se expresa en el concepto de Brahman, la realidad última que es simultáneamente trascendente e inmanente. Brahman trasciende todas las formas particulares y, sin embargo, es inmanente como la esencia misma de cada entidad. Como declara el Chandogya Upanishad: «Tat tvam asi» (Tú eres Eso), señalando la identidad esencial entre el ser individual (Atman) y la realidad universal (Brahman).

Lo que llamamos «Dios». Chopra articula esta visión no-dualista en términos contemporáneos, sugiriendo que lo que llamamos «Dios» es en realidad el campo unificado de conciencia e inteligencia que subyace y constituye el universo entero. Este campo no está localizado en el espacio-tiempo sino que es la matriz misma de la que emerge el espacio-tiempo.

«Cuando utilizamos la palabra "Dios", estamos señalando hacia esa inteligencia infinita que organiza galaxias, hace florecer a las rosas en primavera y permite que estas palabras tengan sentido para ti ahora mismo. No es un algo o "alguien" separado, sino el terreno mismo del ser en el que todo surge, perdura y eventualmente se disuelve".

LOS SIETE ESTADIOS DE CONCIENCIA DE LO DIVINO

Chopra describe siete niveles o etapas en la evolución de nuestra comprensión y experiencia de lo divino, cada uno representando una expansión de conciencia que nos acerca a la realización de nuestra naturaleza esencial.

1. **El dios protector y vengador.** En este primer nivel experimentamos a Dios como una figura externa de autoridad, un juez cósmico que premia y castiga.

2. **El dios de milagros.** En el segundo nivel, experimentamos a Dios como una fuerza que interviene en el mundo natural, suspendiendo ocasionalmente las leyes físicas para manifestar milagros y curaciones. Esta concepción expande nuestra idea de lo posible y comienza a despertar nuestro asombro ante el misterio de la existencia.

3. **El dios de paz.** El tercer nivel nos introduce a la experiencia de Dios como una presencia interior de paz y serenidad que puede experimentarse a través de la meditación, la oración contemplativa y el silenciamiento de la mente.

«El dios de paz nos enseña que lo divino no es simplemente una fuerza externa a ser apaciguada o impresionada», explica Chopra, «sino una dimensión de nuestra propia conciencia que puede ser experimentada directamente cuando trascendemos la actividad incesante de la mente».

4. **El dios de la iluminación.** El cuarto nivel nos revela a Dios como la luz interior de la conciencia pura, que disipa

la oscuridad de la ignorancia y revela la verdadera naturaleza de la realidad.

«En esta etapa comenzamos a reconocer que lo que llamamos "Dios" no es un ser separado, sino la luminosidad misma de la conciencia que permite toda percepción y conocimiento».

5. El dios creador. El quinto nivel nos revela a Dios como la fuente creativa de la que emana todo el universo manifestado, no como un acto histórico singular, sino como un proceso continuo de evolución y transformación.

«Este nivel representa un salto cuántico en nuestra comprensión; ya no pensamos en la creación como algo que ocurrió hace mucho tiempo, sino como el proceso eterno que está ocurriendo aquí y ahora. Cada pensamiento, cada respiración, cada latido del corazón es un acto de creación divina ocurriendo en tiempo real».

6. El dios del ser puro. El sexto nivel trasciende incluso la dualidad entre creador y creación, revelando la divinidad como el ser puro, la existencia misma que constituye la esencia de todo lo que es. «En este nivel», explica Chopra, «reconocemos que lo que llamamos "Dios" no es simplemente el creador del universo, sino el ser mismo que constituye todo lo que existe. No hay "Dios" y "mundo" como entidades separadas, sino solo la realidad única expresándose en infinitas formas y patrones».

Esta etapa representa un profundo cambio ontológico en nuestra comprensión. La distinción entre lo sagrado y lo profano se disuelve. Todo —cada átomo, cada momento— es una expresión del Ser divino.

Como expresó el místico Meister Eckhart: «El ojo con el que veo a Dios es el mismo ojo con el que Dios me ve a mí». O como declara el *Chandogya Upanishad*: «Todo esto es Brahman».

7. **El dios del no-ser o vacuidad.** El séptimo y último nivel trasciende incluso el concepto de «ser» para revelar a Dios como el vacío fértil, la potencialidad pura más allá de todas las formas y manifestaciones. «Vacío es forma, forma es vacío.» - (*Sutra del Corazón*, tradición budista).

«Este es el nivel más sutil y paradójico», observa Chopra. «Aquí reconocemos que incluso el "ser" es una categoría limitante. Lo que llamamos "Dios" trasciende tanto el ser como el no-ser, la forma como el vacío. Es la potencialidad pura de la que toda existencia emana y a la que toda existencia regresa».

En esta etapa, todos los conceptos y etiquetas —incluyendo «Dios»— se reconocen como señales provisionales que apuntan hacia lo inefable. Como dice el *Tao Te Ching*: «El Tao que puede ser nombrado no es el Tao eterno».

«El dios del no-ser nos invita a la libertad última», explica Chopra. «Libertad de todas las definiciones, categorías y limitaciones conceptuales. No es nihilismo, sino el reconocimiento de que la realidad última trasciende todas nuestras construcciones mentales, incluyendo la idea misma de "Dios"».

El camino hacia la realización divina

Chopra enfatiza que estos siete niveles no representan una jerarquía rígida donde debemos rechazar completamente una etapa para pasar a la siguiente. Más bien, son dimensiones de comprensión que se van integrando y enriqueciendo mutuamente a medida que evolucionamos.

«Cada nivel contiene verdad y valor», explica. «Incluso cuando alcanzamos comprensiones más sutiles, las etapas anteriores se transforman y enriquecen, en lugar de ser simplemente descartadas».

Así, el camino hacia la realización divina no es tanto un ascenso lineal sino una expansión concéntrica de la conciencia que eventualmente revela nuestra identidad esencial con lo divino. Un camino que incluye varias prácticas y orientaciones fundamentales.

● **La meditación como puerta directa.** Chopra recomienda prácticas meditativas que enfatizan el testimonio silencioso más que la concentración forzada. «Permite que tu atención descanse en su propia fuente. Como un río que fluye naturalmente hacia el océano, la conciencia regresa a su origen cuando se le permite reposar en su naturaleza esencial».

● **La autoindagación como sendero de sabiduría.** Complementando la meditación, Chopra enfatiza la importancia de la autoindagación —el cuestionamiento persistente de nuestra verdadera identidad. «Conócete a ti mismo.» - (Inscripción en el templo de Apolo en Delfos, Grecia).

● **El servicio como expresión natural.** «Servir a otros es servir a Dios.» (Swami Vivekananda), es decir, a medida que nuestra comprensión se profundiza, el servicio desinteresado surge naturalmente como una expresión de nuestra unidad con toda la vida.

La unificación de ciencia y espiritualidad

> *«La ciencia sin religión está coja,*
> *la religión sin ciencia está ciega.»*
> ALBERT EINSTEIN

Un aspecto distintivo del enfoque de Chopra es su integración de la sabiduría espiritual tradicional con los descubrimientos de la ciencia moderna, especialmente la física cuántica.

«La división entre ciencia y espiritualidad es artificial y obsoleta. Los descubrimientos de la física cuántica —la naturaleza no-local de la realidad, el papel del observador, la interconexión fundamental de todo lo que existe— resuenan profundamente con las intuiciones de las tradiciones contemplativas milenarias».

La experiencia de lo divino en el cerebro

> *«La ciencia nos acerca a una comprensión*
> *más refinada y profunda de lo divino.»*
> DEEPAK CHOPRA

La neuroteología, un campo emergente que estudia las correlaciones entre experiencias espirituales y actividad cerebral, ofrece unas perspectivas magníficas sobre la base neurobiológica de la experiencia de lo divino.

Investigadores como el médico Andrew Newberg han documentado cambios significativos en la actividad cerebral durante estados meditativos profundos y experiencias místicas. Se trata de una disminución de la actividad en el lóbulo parietal (asociado con nuestra percepción de separación y límites corporales) y una activación de circuitos de placer y bienestar.

Chopra advierte contra las interpretaciones reduccionistas de estos hallazgos: «Decir que hemos encontrado 'el área de Dios' en el cerebro es como decir que hemos encontrado a Shakespeare en la tinta de sus obras. El cerebro no 'produce' la experiencia de Dios más de lo que la radio produce la música que transmite. Es un instrumento a través del cual la conciencia universal se experimenta a sí misma desde una perspectiva localizada».

Esta perspectiva sugiere que nuestro cerebro está «cableado» para la experiencia de lo divino, no como una ilusión neurológica, sino como una capacidad evolutiva para sintonizar con dimensiones más amplias de la realidad.

«La neuroteología no explica la experiencia de Dios; más bien revela que nuestro sistema nervioso está diseñado para permitirnos experimentar nuestra naturaleza divina esencial. Es un puente entre la ciencia y la espiritualidad que enriquece ambos dominios. La religión es creer en la experiencia de otro. La espiritualidad es tener tu propia experiencia».

Chopra distingue cuidadosamente entre religión organizada y espiritualidad experiencial, enfatizando que conocer a Dios es un proceso directo y personal que trasciende afiliaciones doctrinales específicas.

«Las grandes tradiciones religiosas del mundo comenzaron con la experiencia directa de individuos iluminados. Con el tiempo, estas experiencias se codificaron en doctrinas, rituales e instituciones. Aunque estos sistemas pueden proporcionar valiosas estructuras y formas de comunidad, la experiencia directa sigue siendo la esencia de la auténtica espiritualidad».

«El futuro de la espiritualidad», concluye Chopra, «no reside en la adhesión rígida a sistemas de creencias particulares, sino en la exploración experiencial directa de nuestra naturaleza divina y nuestra unidad fundamental con toda la existencia».

Nuestra verdadera naturaleza

«No estás en el universo; el universo está en ti.»
DEEPAK CHOPRA

El mensaje central de Chopra en *Conocer a Dios* es tan sencillo como profundamente transformador: lo divino no es una entidad externa a ser adorada o apaciguada, sino nuestra verdadera naturaleza esperando ser reconocida.

«La gran ilusión es que estamos separados de Dios. La gran realización es que somos expresiones individualizadas de la misma conciencia infinita que tradicionalmente hemos llamado Dios. No necesitamos "alcanzar" lo divino; solo necesitamos despertar a lo que ya somos».

Este despertar no es un evento singular, sino un proceso continuo de expansión de la conciencia, donde gradualmente trascendemos las limitaciones del ego separado y reconocemos nuestra identidad con el todo.

Los beneficios de este despertar son tanto prácticos como trascendentes: mayor creatividad, intuición mejorada, relaciones más armoniosas, disminución del miedo, aumento de la compasión y una profunda sensación de significado y propósito.

«Conocer a Dios es conocerte a ti mismo en tu dimensión más profunda. Es reconocer que lo que buscas ya eres tú. Es despertar del sueño de la separación a la realidad de la unidad. Es el viaje de regreso a casa que nunca dejamos, el reconocimiento de lo que siempre hemos sido».

Este reconocimiento no es el final sino el verdadero comienzo, donde la vida ya no es una lucha para lograr o convertirse, sino la expresión gozosa y fluida de nuestra naturaleza divina esencial en el baile eterno de la existencia.

CAPÍTULO 12

Deepak Chopra: entrevistas y conferencias

Nueva Era y espiritualidad contemporánea

A lo largo de décadas, Deepak Chopra se ha convertido en una de las voces más reconocibles del movimiento que podemos llamar como de Nueva Era y sobre la espiritualidad contemporánea. Su capacidad para comunicar conceptos complejos del pensamiento oriental en términos accesibles para audiencias occidentales le ha granjeado millones de seguidores en todo el mundo.

En sus numerosas entrevistas y conferencias, Chopra ha mostrado una notable consistencia en sus mensajes centrales, adaptándolos a las preocupaciones cambiantes de cada época. En una entrevista con la revista *Time* en 2001, cuando le preguntaron sobre el papel de la espiritualidad en tiempos de crisis, Chopra respondió:

«La verdadera espiritualidad no es un escape del mundo, sino una inmersión más profunda en él. Nos invita a ver más allá de las apariencias superficiales de separación y conflicto, hacia la interconexión fundamental que nos une a todos. En tiempos de crisis, esta perspectiva no es un lujo, sino una necesidad absoluta.»

Como hemos visto, en sus conferencias, combina a menudo referencias a textos antiguos, como los Vedas y los Upanishad, con hallazgos de física cuántica y neurociencias. Esta fusión de tradición y modernidad ha sido una característica distintiva en su mensaje.

Durante una charla TED (*El futuro de la espiritualidad*), Chopra explicó:

«Estamos en un momento único en la historia, donde la ciencia está validando lo que los místicos han dicho durante miles de años. El universo no es una máquina compuesta de objetos físicos separados, sino una red dinámica de relaciones. La conciencia, lejos de ser un producto accidental de la materia, podría ser el campo fundamental del cual emerge toda materia.»

Salud perfecta, bienestar físico y espiritual

En entrevistas con celebridades como Oprah Winfrey, que ha sido una de sus principales divulgadoras, Chopra ha subrayado consistentemente la relación entre bienestar físico y espiritual. En uno de sus diálogos más citados, afirmó:

«La salud perfecta es nuestro estado natural. La enfermedad es una distorsión de ese estado que ocurre cuando perdemos contacto con nuestra naturaleza esencial. La medicina del futuro entenderá que curar el cuerpo sin atender al espíritu es como afinar instrumentos en una orquesta sin director.»

Su presencia en los medios digitales ha expandido enormemente su alcance. Con millones de seguidores en plataformas como Twitter, Instagram y YouTube, Chopra ha adaptado sus enseñanzas al formato de la comunicación moderna de forma inteligente, ofreciendo meditaciones guiadas, reflexiones diarias y respuestas a preguntas de sus seguidores.

En 2018, en una entrevista con el periódico *El País,* en 2018, cuando le preguntaron sobre su adaptación a las nuevas tecnologías, Chopra respondió:

«La tecnología en sí misma es neutral; es simplemente una extensión de la conciencia humana. La pregunta es: ¿usaremos estas herramientas para profundizar nuestra conexión con nosotros mismos y con los demás, o para aislarnos más? Yo elijo usar estas plataformas como vehículos para la expansión de la conciencia.»

Controversias

A pesar de su popularidad, o quizás debido a ella, Deepak Chopra ha sido objeto de numerosas críticas, especialmente desde la comunidad científica convencional. Estas críticas se centran en varios aspectos de su trabajo:

Uso de terminología científica. Una de las críticas más frecuentes se refiere a su utilización de conceptos de la física cuántica y otras disciplinas científicas. Científicos como el físico teórico Lawrence Krauss han acusado a Chopra de malinterpretar o distorsionar principios científicos para respaldar sus teorías sobre la conciencia y la curación.

En 2010, Chopra recibió el satírico *Premio Ig Nobel de Física* por «emplear la mecánica cuántica para integrar la vida, el cosmos y la medicina cuántica, y para enseñar a otros a hacer lo mismo». Este premio, que parodia a los Premios Nobel, pretende destacar investigaciones que «primero hacen reír, y luego hacen pensar».

Cientificismo y materialismo científico. En respuesta a estas críticas, Chopra ha argumentado que existe una diferencia entre el materialismo científico (la visión de que la materia es la única realidad) y la ciencia como método de investigación. En un debate con el neurocientífico Sam Harris, Chopra declaró:

«No estoy en contra de la ciencia. Estoy en contra del reduccionismo que niega la validez de la experiencia subjetiva y la conciencia como aspectos fundamentales de la realidad. La ciencia misma está evolucionando más allá de este reduccionismo.»

Eficacia de los tratamientos médicos alternativos. Como divulgador de terapias ayurvédicas y de medicina complementaria en general, Chopra fue criticado por recomendar tratamientos cuya eficacia no está controlada por los estándares de la medicina convencional («basada en evidencia», dicen los miopes comunicados de las autoridades sanitarias).

Chopra ha respondido a esas críticas señalando los límites del modelo biomédico occidental y defendiendo un enfoque más integral de la salud:

«La medicina occidental muestra su excelencia en el tratamiento de enfermedades agudas y emergencias, pero tiene limitaciones significativas cuando se trata de enfermedades crónicas y de promover el bienestar óptimo. El ayurveda y otras tradiciones médicas antiguas ofrecen perspectivas que enriquecen, sin que tengan necesariamente que reemplazar la medicina moderna actual.»

Comercialización de la espiritualidad. Otra línea de crítica se centra en el aspecto comercial del imperio de Chopra.

Con productos que van desde suplementos nutricionales hasta aplicaciones de meditación, pasando por retiros de lujo y tratamientos spa, algunos críticos han cuestionado la mercantilización de enseñanzas espirituales que tradicionalmente se consideraban más allá del ámbito comercial.

Se ha publicado que «hay cierta contradicción entre la presentación de la espiritualidad como un camino hacia la liberación del materialismo y la comercialización agresiva de productos asociados con ese camino.» Chopra ha defendido su modelo de negocio argumentando que la sostenibilidad económica permite una mayor difusión de ideas valiosas: «Si queremos que estos conocimientos lleguen a millones de personas, necesitamos estructuras organizativas efectivas. El dinero es simplemente energía, y puede ser canalizado hacia propósitos que beneficien a la humanidad.»

El lenguaje como polémica. En 2014, el físico y divulgador científico Richard Dawkins* acuñó el término *woo-woo* (charlatanería) para describir lo que consideraba como el lenguaje pseudocientífico utilizado por Chopra. Esto dio lugar a un «Generador aleatorio de frases de Deepak Chopra» (un sitio web satírico con términos de física cuántica y espiritualidad combinados para crear frases que imitaban el estilo de Chopra).

Chopra respondió señalando que el lenguaje convencional tiene limitaciones inherentes cuando se trata de describir experiencias trascendentes: «Los místicos de todas las tradiciones han luchado con las limitaciones del lengua-

---

* Dawkins es el famoso autor de *El gen egoísta* (Ed. Salvat) y de *Ateísmo para principiantes* (Ed. Espasa).

je. La experiencia directa trasciende las palabras. Uso metáforas científicas porque resuenan con la mente moderna, pero reconozco que son solo señales que apuntan hacia algo que debe ser experimentado directamente.»

INFLUENCIA CULTURAL

Incluso contando con esas críticas, es incuestionable el impacto significativo de Deepak Chopra en la cultura actual, sobre todo en cómo Occidente entiende y se relaciona con las tradiciones espirituales orientales. La divulgación del pensamiento oriental es aún impactante en Occidente.

Popularización del yoga y la meditación

Antes de que figuras como Chopra ganaran relevancia, las prácticas como el yoga y la meditación eran todavía consideradas por bastantes occidentales como exóticas o esotéricas. Hoy, en gran parte debido a su influencia, estas prácticas se han vuelto habituales, con millones de practicantes en Europa y América y Europa.

«Chopra ha actuado como un traductor cultural, haciendo accesibles conceptos hindúes y budistas a audiencias occidentales mediante su recodificación en términos de bienestar y auto-mejora.» (Véronique Altglas, socióloga).

Puente entre ciencia y espiritualidad

La tenacidad de Chopra para encontrar puntos de convergencia entre la ciencia moderna y las tradiciones contemplativas ha contribuido a un diálogo más amplio entre estos dos grandes ámbitos, anteriormente separados.

Instituciones como el Mind & Life Institute, que promueve colaboraciones entre científicos y practicantes contemplativos, como el Dalai Lama, reflejan este creciente interés por explorar los territorios compartidos entre la investigación científica y la sabiduría contemplativa.

Influencia en la medicina integrativa

El enfoque de Chopra hacia la salud, que combina prácticas convencionales y alternativas con un énfasis en la conexión mente-cuerpo, ha influido significativamente en el desarrollo de la medicina integrativa como campo reconocido.

Hoy, muchos hospitales y centros médicos de prestigio han establecido departamentos de medicina integrativa que incorporan elementos como la meditación, el yoga terapéutico, la nutrición ayurvédica y otras prácticas complementarias (acupuntura, homeopatía, naturopatía) junto con tratamientos convencionales.

Andrew Weil, otro pionero en este campo, ha reconocido la contribución de Chopra: «Independientemente de las controversias, Deepak ha ayudado a abrir un espacio para una visión holística de la salud dentro del actual sistema médico.»

El fenómeno del wellness

La industria global del bienestar (wellness), valorada en millones de dólares, debe mucho a la visión popularizada por Chopra. Su énfasis en el autocuidado, la prevención y el bienestar holístico ha resonado con una generación de consumidores desilusionados con el enfoque puramente biomédico de la salud.

La escritora y emprendedora Arianna Huffington, que ha colaborado con Chopra en iniciativas de bienestar, ha comentado: «Deepak entendió tempranamente que el futuro de la salud no está solo en tratar enfermedades, sino en crear condiciones para el florecimiento humano integral.»

Fe y creencia. Deepak Chopra en Mallorca.

«La creencia expresa inseguridad,
pero la fe es la certeza de lo invisible»
Deepak Chopra

Gracias a Mariana Salinas, fundadora de la empresa de estilo de vida consciente *Sadhana Works*, Chopra acudió a Mallorca para presentar en el Castillo Hotel Son Vida su libro *Living in the light: Yoga for Self-Realization*, escrito en colaboración con Sarah Platt-Finger. En él presentó un programa práctico de 30 días, con «una exploración profunda de cincuenta posturas estimulantes y restauradoras de yoga que nos permiten romper hábitos limitantes y sistemas de creencias, logrando unir mente, cuerpo y alma».*

«La autorrealización consiste en saber quién eres realmente, y ese el principal propósito del yoga», explicó Chopra, que enfatizó sobre nuestra identidad, más allá del cuerpo, la mente o la personalidad. «Eres tu consciencia: esta no tiene ni forma ni límites, es infinita. Hoy la gente dice: no soy religioso, sino espiritual. ¿Qué significa eso? Es la misma experiencia trascendental: no existe la muerte, no existe el sufrimiento. Como decía el poeta sufí Rumi, eres la gota en el océano y el océano en la gota, todo al mismo tiempo».

* Entrevista original: Pere Bergas.

—¿Cómo podemos mejorar un mundo tan polarizado?

—¿Dónde están los movimientos sociales surgidos en los años 60 y 70? ¿A dónde nos llevaron? El activismo no funciona. La única solución es que cada individuo sea el cambio que desea en el mundo. Hemos de convertirnos en el cambio. La gente debe experimentar que todos estamos conectados y que el bienestar de aquel a quien llamas «enemigo» también afecta a tu bienestar.

—¿Cuál es el objetivo del yoga?

—El yoga es el camino para entrar en contacto contigo mismo, más allá del cuerpo, la mente y la experiencia; el camino a la iluminación. Pero se debe empezar por algún sitio, ya sea dejar de fumar, adelgazar o verse mejor. También sabemos que el yoga frena el envejecimiento y favorece la longevidad.

—¿La paz interior está al alcance de todo el mundo?

—Sí. El estado fundamental del ser es la paz. La gente utiliza la expresión «peace of mind», cuando es un oxímoron. La mente siempre está en conflicto, experimenta los contrastes de la vida. Se debe ir más allá de la mente para encontrar la paz. Solo existe el camino de la meditación y, una vez te conoces a ti mismo, eres incapaz de ejercer la violencia.

—Si no podemos confiar en los cinco sentidos, ¿cómo conocer la realidad?

—Lo que experimentamos a través de los sentidos no es la realidad, es solo una proyección. Las experiencias son inaprensibles y están en cambio constante. Lo que no varía es quién vive la experiencia. La clave está en ir más allá de la mente, en busca de la paz. Si lo hace la gente suficiente viviremos en un mundo más pacífico, sano, sostenible y feliz.

—**Afirma que debemos abrazar la ambigüedad, la dualidad de la vida.**

—La dualidad es la expresión de nuestra mente. Quién eres tú, tu identidad, es independiente de esa dualidad. Cualquier parte del cuerpo puede ir más allá de la mente. Por ejemplo, los chakras son centros de consciencia. La tradición yogui ha aceptado esas puertas de enlace durante miles de años. Ahora que el yoga y la meditación se han convertido en un movimiento de masas, hagamos que los artistas cuenten esta nueva historia. La ciencia se centra en la mente, el arte se centra en el alma. La clave para la sociedad se encuentra en el arte.

—*Su discurso guarda ciertas similitudes con la religión cristiana.*

—Sí. La Biblia da algunas pistas. Cuando Moisés le pregunta su nombre a Dios, le responde: «Yo Soy el que Soy». O cuando Jesús les dice a sus discípulos: «El que quiera venir en pos de mí, que cargue su cruz y que me siga»; o cuando, en la cruz, clama: «Dios mío, ¿por qué me has abandonado?», un sentimiento tratado en la Noche oscura del alma, de San Juan de la Cruz. O cuando dice: «Padre, perdónalos, porque no saben lo que hacen». Son tres ideas propias del viaje que todos tenemos que realizar de forma individual. Jesús comprende la contradicción y la paradoja; es un buen ejemplo de la búsqueda de la unidad de la consciencia.

—El psicólogo francés Émile Coué dijo que, «cuando la imaginación y la fuerza de voluntad están en conflicto, siempre gana la imaginación».

—Todo lo que experimentas, incluso esta entrevista, es una imaginación. El peor uso de la imaginación es el estrés, y el mejor, el amor y la creatividad.

—Pero, ¿es necesario creer con firmeza en quién quieres ser?

—Debes experimentarlo. Creer y tener fe son cosas diferentes. La creencia encubre y expresa inseguridad. Pero la fe es la certeza de lo invisible, y permite que lo visible sea posible. Por eso Jesús habla más de la fe que de la creencia.

—¿Cómo aconsejaría a alguien que quiere empezar a meditar?

—Es muy simple. Que empiecen sentándose dos o tres minutos sin hacer nada, con los ojos cerrados. Si te sientes cómodo, observa tu respiración durante cinco minutos. Si sigues sintiéndote cómodo, practica un mantra. Tómate algunos momentos al día, antes de ir a dormir, y pregúntate qué quieres y qué deseas. Si empiezas a preguntar, acabarás obteniendo las respuestas.

—¿Cómo afectan las redes sociales a la expresión de nuestra identidad?

—Estamos sacrificando nuestra identidad por el selfie. Volviendo al cristianismo, «¿de qué le sirve a un hombre ganar el mundo entero y perder su alma?». Hemos perdido nuestra alma. Pero podemos utilizar la tecnología para recuperarla, porque la tecnología es neutra.

—¿Cómo?

—A través del servicio, la comunidad consciente y la práctica espiritual.

A medida que Chopra se acerca a sus 80 años, su influencia continúa evolucionando. La Fundación Chopra, establecida en 2009, se centra en llevar prácticas de bienestar y meditación a poblaciones desatendidas, incluyendo militares con estrés traumático (TEPT), grupos sociales con bajos ingresos y escuelas públicas. Estas iniciativas nos hablan de un movimiento que, ironías de la vida, ha sido a menudo criticado por estar más bien relacionado con élites privilegiadas.

«El fenómeno Chopra revela mucho sobre la espiritualidad contemporánea: nuestra hambre de significado en un mundo secularizado, nuestra búsqueda de integración en una cultura fragmentada, y nuestra esperanza de que la antigua sabiduría pueda iluminar los dilemas modernos.» (Diana Eck, académica religiosa).

En resumen, tanto si lo consideramos como un visionario que ha ayudado a millones de personas a encontrar paz y propósito vital, o como un empresario que utiliza la búsqueda espiritual contemporánea, Deepak Chopra es una excelente definición del paisaje de la espiritualidad occidental moderna y un puente importante entre Oriente y Occidente.

PARA SABER MÁS

Libros de Deepak Chopra en español

- *¿De qué tienes hambre?: La solución Chopra para la pérdida de peso permanente, el bienestar y el alimento del alma*. Gaia Ediciones.
- *Abundancia: El camino interno a la prosperidad*. Gaia Ediciones.
- *Buda: La historia que cambiará tu vida*. Suma de Letras.
- *Cuerpo cuántico: La nueva ciencia para tener una vida más larga, saludable y activa*. Gaia Ediciones.
- *Cuerpos sin edad, mentes sin tiempo: La alternativa cuántica al envejecimiento*. Gaia Ediciones.
- *Curación Cuántica: Las fronteras de la medicina mente-cuerpo*. Gaia Ediciones.
- *Digestión perfecta*. B de Bolsillo.
- *El camino de la abundancia: La riqueza en todos los campos de la conciencia y de la vida*. B de Bolsillo.
- *El camino hacia el amor: Cómo transformar nuestra vida colmándola de amor*. B de Bolsillo.
- *El libro de los secretos: Descubre quiénes somos, de dónde venimos y por qué estamos en esta vida*. Gaia Ediciones.
- *Las 7 leyes espirituales del Yoga: Guía práctica para integrar cuerpo, mente y espíritu*. Gaia Ediciones.
- *Meditación total: Prácticas para vivir despierto*. Gaia Ediciones.
- *Metahumano: Aprende a reconocer y liberar tu potencial infinito*. Gaia Ediciones.
- *Paz interior: El poder de la quietud y el silencio*. Gaia Ediciones.

- *Reinventa tu cuerpo, resucita tu alma: Cómo crear un nuevo yo.* B de Bolsillo.
- *Rejuvenecer y vivir más: Diez pasos para revertir el envejecimiento.* B de Bolsillo.
- *Siete Leyes Espirituales Del Éxito.* Gaia Ediciones.
- *Sincrodestino: Descifra el significado de las coincidencias y crea los milagros que has soñado.* Gaia Ediciones.
- *Supergenes: Libera el asombroso potencial de tu ADN.* Gaia Ediciones.
- *Tú eres el universo: Una nueva alianza entre ciencia y espiritualidad.* Gaia Ediciones.
- *Super Cerebro (con Tanzi, Rudolph).* Ed. Random House.
- *Vivir en la luz: Yoga para la autorrealización.* Gaia Ediciones.

Libros sobre Deepak Chopra
- Anderson, Walter Truett. *El futuro del Ser: Una revolución conceptual.* Grupo Editorial Norma, 2007.
- Butler-Bowdon, Tom. *50 clásicos espirituales: Sabiduría eterna de 50 grandes libros de la espiritualidad.* Sirio, 2009.
- Cabral, Fabiana. *Deepak Chopra y el poder curativo de la mente.* Editorial Académica Española, 2012.
- Heelas, Paul. *The New Age Movement: The Celebration of the Self and the Sacralization of Modernity. Wiley-Blackwell, 1996.* (Para entender el contexto cultural en el que surgió la obra de Chopra).

Libros relacionados con la medicina ayurvédica
- Lad, Vasant. *Ayurveda: La ciencia de curarse uno mismo.* Gaia Ediciones, 2003.

- Rosselló, Jaume. *El libro práctico del Ayurveda*. Ed. Robin Book.
- Svoboda, Robert E. *Ayurveda: Vida, salud y longevidad*. Kairós, 2005.

Libros sobre la relación entre física cuántica y conciencia
- Capra, Fritjof. *El Tao de la Física*. Editorial Sirio, 1983.
- Goswami, Amit. *The Self-Aware Universe: How Consciousness Creates the Material World*. TarcherPerigee, 1995. Es una visión de la física cuántica compatible con la perspectiva de Chopra.
- McTaggart, Lynne. *El campo: En busca de la fuerza secreta que mueve el universo*. Sirio, 2007.
- Wilber, Ken. *Cuestiones cuánticas*. Ed. Kairós, 1987. Recopilación de textos de grandes físicos sobre misticismo y conciencia.

Recursos audiovisuales
Documentales y programas especiales
- *Consciousness: A Conversation with Deepak Chopra and Stuart Hameroff*. Documentary Educational Resources, 2014.
- *Decoding Deepak*. Documental dirigido por Gotham Chopra, 2012. Un retrato íntimo realizado por el hijo de Deepak.
- *The Quantum Activist*. Documental sobre Amit Goswami, 2009. Complementa la visión cuántica de la conciencia de Chopra.

Conferencias, podcasts y series web (en inglés)
- Chopra, Deepak. *El futuro de la espiritualidad.* Charla TED, 2012. Disponible en YouTube y en el sitio web de TED.
- *Deepak Chopra's Infinite Potential.* Podcast disponible en plataformas digitales. (Conversaciones de Chopra con científicos, artistas y líderes espirituales).
- *One World: Exploring Consciousness with Deepak Chopra.* Serie web disponible en YouTube y en la web oficial de Chopra.

Sitios web, aplicaciones y recursos digitales
- *Chopra Well.* Canal de YouTube con meditaciones guiadas, entrevistas y conferencias.
- *Chopra App.* Aplicación oficial de meditación y bienestar desarrollada por la Fundación Chopra.
- *Jiyo.* Plataforma digital cofundada por Deepak Chopra enfocada en bienestar integral.
- Chopra, Deepak. Sitio web oficial: www.deepakchopra.com
- Chopra Foundation: www.choprafoundation.org
- Chopra Global: www.chopraglobal.com
- Never Alone Initiative: www.neveralone.love (Iniciativa de la Fundación Chopra para la prevención del suicidio y la promoción del bienestar mental)

Revistas académicas
- *Explore: The Journal of Science and Healing.* (Medicina integrativa).
- *Journal of Ayurveda and Integrative Medicine.* (Investigación ayurvédica contemporánea).
- *Journal of Consciousness Studies.* (Temas relacionados con la conciencia desde múltiples perspectivas).

Vídeos relacionados (en español):

1 Felicidad

2 El papel de la conciencia para un bienestar total

3 No creas las mentiras de tu mente

4 Cara a cara con Deepak Chopra

5 Nueva meditación para la sanación

6 Digital Dharma. Deepak Chopra y la Inteligencia Artificial

Vídeos relacionados (en inglés):

7 Mind, memory & the multiverse: What is reality?

8 New Quantum Science: How to Break Old Patterns & Get Limitless Potential

ÍNDICE

En la misma colección:

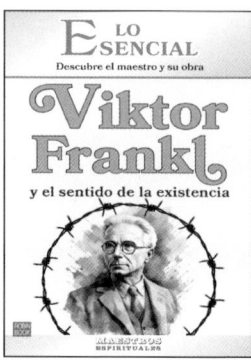

Puedes visitar nuestros libros en
www.redbookediciones.com
a través de este código QR:

Puedes seguirnos en:

 redbook_ediciones

 @Redbook_Ed

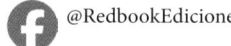 @RedbookEdiciones